W0416270

Lynn Andrews
Die Macht der Zauberin

Lynn Andrews

Die Macht der Zauberin

Ein magisch-spiritueller Roman über
die erlösende Kraft der Liebe

Aus dem Englischen
von Marion Balkenhol

Ansata-Verlag

Für Jaguarfrau und alle,
die sich der Erleuchtung widmen

Die Originalausgabe erschien unter dem Titel
«Dark Sister» bei HarperCollins Publishers, Inc.,
10 East 53rd Street, New York, NY 10022, USA.

Erste Auflage 1997
Copyright © 1995 by HarperCollins Publishers, Inc.
Published by arrangement with HarperCollins Publishers, Inc.
Alle deutschsprachigen Rechte beim Scherz Verlag,
Bern, München, Wien, für den Ansata-Verlag.
Alle Rechte der Verbreitung, auch durch
Funk, Fernsehen, fotomechanische
Wiedergabe, Tonträger jeder Art
und auszugsweisen Nachdruck,
sind vorbehalten.

Inhalt

Prolog: Verführung 9
1 Dunkelheit bestimmt das Licht 14
2 Die Geschichtenerzählerin 17
3 Der Traum einer Zauberin 21
4 Verbannung 24
5 Scheideweg eines Zauberers 35
6 Machtraub 42
7 Der Schamanenstein 46
8 Das Tor zum Traum 48
9 Die sieben Tonkrüge 57
10 Das geflochtene Haar: Jaguarfrau erzählt 64
11 Lockung der dunklen Seite 92
12 Ein leuchtendes Tor 138
13 Die Liebe des Zauberers 144
14 Die Abrechnung 158
15 Tanz der Katzen 160
16 Liebe und Weisheit 166
17 Die geheimen Prophezeiungen der Tonkrüge 169
18 Das Rad der dunklen Schwester 181
19 Das Geschenk der Vervollkommnung 190

Wir fürchten uns eigentlich nicht so sehr davor, untauglich zu sein.
Am meisten fürchten wir unsere eigene Allmacht.
Unser Licht, nicht unsere Finsternis ängstigt uns.
Wir fragen uns, wer bin ich denn, daß ich so brillant, großartig, begabt und fabelhaft erscheine?
Warum solltet ihr es nicht? Ihr seid Kinder Gottes.
Wem hilft es schon, wenn ihr euer Licht unter den Scheffel stellt?
Es hat nichts Erhebendes, wenn ihr euch in Gegenwart anderer erniedrigt, damit sie sich in eurer Gegenwart nicht unsicher fühlen.
Wir sind auf die Welt gekommen, um den Ruhm Gottes zu verkünden, der in uns ist.
Er ist nicht nur in ein paar wenigen Menschen, er ist in allen. Und sobald wir unser eigenes Licht leuchten lassen, ermöglichen wir unbewußt den anderen, es uns gleichzutun.
Wenn wir frei von Angst sind, werden andere Menschen in unserer Gegenwart auch befreit.

Nelson Mandela

Prolog: Verführung

Staub stieg wie Rauch von den Reifen des alten grünen Lieferwagens auf, als Jake Martin über die ungeteerte Landstraße von Patagonia nach Nogales im Süden von Arizona fuhr. Es war ein heißer Frühsommerabend, und über dem Horizont hatten sich Schäfchenwolken gebildet. Jake war unterwegs nach Mexiko, wo er an der Hochzeit seiner Kusine teilnehmen wollte. Vor etwa zwei Stunden hatte er das Reservat verlassen, in dem er als Polizist arbeitete. Den ganzen Tag schon hatte er so ein merkwürdiges Gefühl in der Magengegend. Aber woher hätte er wissen sollen, daß er als Beute ausersehen war?

Früher, als er noch ein kleiner Junge war, hatte er mit seiner Familie in einem Reservat in Manitoba in Kanada gelebt. Plötzlich hatte seine Mutter den Wunsch verspürt, eine seit langem verloren geglaubte Schwester im Reservat in Arizona zu besuchen. Dort hatte Jake den Reservatspolizisten kennengelernt, der sein großes Vorbild wurde. Jetzt war Jake Ende Dreißig und noch unverheiratet, hoffte jedoch, spätestens mit vierzig seßhaft zu werden und eine Familie zu gründen.

Während er über die Straße nach Mexiko rumpelte, fiel ihm sein alter Geistführer Geronimo ein, der ebenso ungern wie er nach Mexiko gegangen war. Er betrachtete die Berge ringsum und dachte an das Tal des San Pedro River jenseits von Tombstone, an Cochises Festung und an Geronimo, den großen Apachenkrieger. Er spürte die Kraft dieses Mannes in seiner Brust und versuchte sich vorzustellen, wie es wohl vor hundert Jahren in diesem wunderschönen Tal gewesen sein mochte.

Die untergehende Sonne warf orangerote und rosa Streifen über den Himmel. Als Jake durch die verschmutzte, staubige Windschutzscheibe nach vorn schaute, erblickte er in der Ferne eine einsame Gestalt am Straßenrand. Er blinzelte ein paarmal, weil er sie auf der einsamen, verlassenen Landstraße zunächst für eine Fata Morgana hielt.

Als er sich einer Baumgruppe am rechten Straßenrand näherte, nahm er den Fuß vom Gaspedal und kurbelte das Fenster herunter. Staub und Schmutz drangen in den Fahrerraum und bildeten eine graue Schicht auf seinen Oberschenkeln. Die Gestalt, die er gesehen hatte, war verschwunden, und er beschloß, den Wagen an der Seite zu parken und sich irgendwo bei den Bäumen zu erleichtern. Er stellte sich hinter ein Gebüsch und schaute in die Dämmerung. Erst jetzt bemerkte er eine kleine steinerne Maya-Ruine, deren Stufen hoch über die Baumwipfel hinaus in den Himmel zu führen schienen, ähnlich den Tempeln für Blutopfer, die er unten in Mexiko einmal gesehen hatte. Diese Ruine oder dieser Tempel hier war ihm noch nie zuvor aufgefallen, obwohl er schon hundertmal über diese Straße gefahren war.

Den Blick starr auf den prächtigen Steinbau gerichtet, trat er aus dem Schatten in das rosa Abendlicht. Da sah er die Gestalt einer Frau neben dem Eingang zum Tempel. Er kam nicht dazu, sich zu wundern, denn er wurde sogleich wie magisch von ihr angezogen. Er näherte sich der Tempeltür. Im gleichen Augenblick kam die Frau auf ihn zu.

Mit ihren schwarzen, langen Haaren, die ihr in Wogen bis zur Hüfte reichten, war sie bei weitem die schönste Frau, die er je gesehen hatte. Sie trug Sandalen und einen Rock aus ungewöhnlichem Gewebe mit eingenähten Spiegelstückchen, in denen sich der Sonnenuntergang spiegelte. Unter der dünnen weißen Baumwollbluse zeichneten sich ihre Brüste deutlich ab. Eine wohlige Wärme umhüllte ihn wie dichter Nebel – ein

Gefühl wie nach den ersten Tropfen eines feinen Whiskys. Nie gekannte Leidenschaft packte ihn. Er wußte nicht, wie ihm geschah, aber es war so angenehm, daß er es nicht eine Sekunde in Frage stellte.

Sin Corazón streckte Jake eine Hand entgegen und legte sie ganz zart auf seinen Arm. Sie atmete tief ein und begann ihren hypnotisch-verführerischen Tanz. Der Ausdruck in Jakes Augen zeigte ihr, daß ihre Berührung ihn überraschte. Nach anfänglicher Verwirrung beschloß er aber offenbar, einfach nicht danach zu fragen, was vor sich ging.

«Kannst du mir helfen?» gurrte sie mit weicher, lieblicher Stimme.

«Was ist passiert?» stammelte er und schaute sich um.

«Oh, mein Wagen ist da vorn mit einem Platten liegengeblieben.»

«Was machst du hier?» Immerhin standen sie mitten in der Wildnis. Flüchtig kam ihm in den Sinn, daß er unterwegs keinen Wagen gesehen hatte. Nun, vielleicht stand er weiter im Süden.

«Wenn du bei mir einsteigen willst, kann ich dich hinbringen. Ich habe nicht viel Zeit. Ich bin unterwegs zu einer Hochzeit.»

«Was für ein Zufall!» sagte sie.

«Wie meinst du das?» fragte er, verwirrt durch ihre Schönheit.

«Daß du auf dem Weg zu einer Hochzeit bist», sagte sie und warf den Kopf in den Nacken. Dabei streifte ihr rabenschwarzes Haar seine Finger.

Er betrachtete den Tempel, der hinter ihr im Schatten lag. Auf den oberen Kragsteinen schimmerten die letzten Spuren des Sonnenlichts.

«Ich habe diese Ruine hier noch nie gesehen. Du weißt auch nicht zufällig, was für ein Gebäude das ist?« fragte er sie. «Oder wer es errichtet hat?»

«Nun ja, zufällig weiß ich eine ganze Menge über diesen

Tempel», erwiderte sie und schlug geheimnisvoll die Augen nieder. «Komm mit.» Sie nahm seine Hand in die ihre und führte ihn. «Die dunklen Träume von Magie und Mysterium haben den Tempel errichtet. Komm! Ich will dir was zeigen.»

«Er ist wunderschön, aber wie…» Er verstummte, als sie ihn über die Tempelschwelle führte, die zu beiden Seiten von massiven Steinsäulen gesäumt war. Jake vermochte den Blick nicht von der Frau abzuwenden. Er wäre ihr ins Feuer gefolgt.

Sie schritten über den Steinboden und gelangten in ein kleines Gewölbe, das offenbar für eine Art Zeremonien oder Riten bestimmt war. In der Mitte stand ein hüfthoher Sockel mit einer Steinplatte. Die Frau nahm eine blutrote Decke, die aufgerollt neben dem Sockel lag, und breitete sie auf der Steinplatte aus. Sie drehte sich zu Jake um, der wie erstarrt vor ihr stand. Sein unbändiges Verlangen ließ ihn die Umgebung vollkommen vergessen. Er hatte nur Augen für Sin Corazón.

Sie begann, sein Hemd aufzuknöpfen. Kurz darauf lagen sie in leidenschaftlicher Umarmung auf der roten Decke. In der Ferne vernahm er den Schrei einer Eule, Botschafterin des Todes oder einer einschneidenden Veränderung. Er hätte darauf hören sollen. Er hätte sich von der Steinplatte erheben und um sein Leben rennen sollen. Aber das sonderbare Gefühl am Rande seines Bewußtseins war nicht stark genug, um seine Leidenschaft, oder die ihre, zu besiegen.

Als er zum letzten Mal in sie hineinstieß, schaute er in ihre dunklen Augen. Entsetzt schrie er auf, denn was er sah, war nicht mehr die dunkle Schönheit, sondern das unbeschreiblich verrunzelte Gesicht einer uralten Frau.

Sin Corazón machte es Spaß, ihr Aussehen zu verändern und ihre Opfer in Angst und Schrecken zu versetzen. Ihr schwarzes, seidiges Haar hatte sich in eine wirre, verfilzte graue Mähne verwandelt. Sie hatte die Beine um ihn gelegt, hob Arme und Gesicht gen Himmel und lachte das hämische Lachen einer Hexe, die ein weiteres Opfer zur Strecke gebracht hat.

Jake wurde speiübel. Ein harter Lichtstrahl fiel durch eine

Öffnung im Turm über ihnen und ließ ihre Körper orangerot aufleuchten. Noch einmal schrie er angstvoll auf und zog sich von ihr zurück, fiel von der Steinplatte herunter und versuchte, seine Sachen und seine fünf Sinne zu sammeln. Sin Corazón lachte noch immer. Sie sagte nichts. Wieder einmal hatte sie an den Männern Rache genommen, die alle wie ihr früherer Ehemann aussahen. Sie hatte diesem starken Mann die Kraft geraubt, um sie ihrer eigenen hinzuzufügen. Als er ihr einen letzten Blick zuwarf, sah er furchterregenden Haß in ihren funkelnden Augen.

Er war nicht in der Lage, zu gehen. «Warum?» fragte er. Er hatte das Gefühl, als wäre ihm alle Lebenskraft genommen. Lange saß er auf dem Boden, hielt den Kopf in die Hände gestützt und versuchte, wieder ins Lot zu kommen. Als die letzte Kraft ihn verließ und wie Blut im Sand versickerte, sank er zur Seite und blieb bewußtlos auf dem Steinboden liegen. Er hörte nicht mehr, wie Sin Corazón in seinem Lieferwagen davonfuhr. Er wurde von Alpträumen heimgesucht, in denen Schakale ihn zerfleischten und Kojoten mit seiner Seele davonliefen.

Als er schließlich erwachte, war es früh am Morgen. Die Hochzeit war zu Ende. Er hatte alles verpaßt. Mühsam versuchte er aufzustehen, aber es gelang ihm nicht. Als er sich umschaute, wußte er zunächst nicht, wo er war. Der Tempel, die prächtige Steinfassade waren verschwunden. Vor ihm lag nur eine Lichtung. Noch im Staub liegend schaute er dorthin, wo sein Wagen gestanden hatte. Er war nicht mehr da.

Es sollte Jahre dauern, ehe Jake wieder annähernd zu Kräften kam. Schon zu Lebzeiten wurde er zur Legende, ein Mann, der nur mit halbem Verstand umherging und etwas über eine junge Schönheit vor sich hin brabbelte, die ihn vergewaltigt und sich dann in eine alte Hexe verwandelt hätte. Sein Geistführer und seine Medizin hatten ihn verlassen, und er war allein.

1

Dunkelheit bestimmt das Licht

Agnes hockte wie ein alter Bussard auf dem Geländer ihrer Veranda. Ich saß auf einem klapprigen Schaukelstuhl und beobachtete Crow, die Krähe, die Brotkrumen vom Boden aufpickte. Sie schimpfte mit mir und krächzte, drehte den Kopf zur Seite und beäugte mich mit einem gelben Auge. Tags zuvor war ich in Agnes' Hütte in Manitoba eingetroffen. Nun war ich froh, sanft schaukelnd dasitzen zu können und die nach Kiefern und Wildblumen duftende, frische Luft des Nordens zu genießen.

Agnes, die einen Jeansrock und eine hellrote Bluse trug und das graue Haar zu dicken Zöpfen geflochten hatte, hielt einen kleinen Kristall in einen Sonnenstrahl, der durch das Pappellaub drang. Plötzlich schoß ein flammender, bunter Lichtblitz grell wie ein Laserstrahl aus dem Kristall mir direkt ins Auge. Ich prallte zurück, stieß mit dem Kopf an die Lehne des Schaukelstuhls und schrie: «Mein Gott, Agnes, das tut weh!»

«Manchmal ist das Licht zu hell, und es schmerzt.»

«Das ist überhaupt nicht lustig», sagte ich und rieb mir das Auge.

Agnes, die alte Indianerin mit dem runzligen, wettergegerbten Gesicht, legte die Hände in den Schoß und ließ den Blick in die Ferne schweifen. «Wenn du dich einem Licht nicht anpassen kannst», fuhrt sie fort, «nimmst du es halt auf andere Weise wahr.»

«Worauf willst du hinaus?» fragte ich.

Agnes rieb sich den Bauch. «Du öffnest deinen Körpergeist und spürst Licht – so wie Ruby. Sie nimmt Licht und Schatten durch ihre Willenskraft in sich auf und hat auf diese Weise mit ihren blinden Augen sehen gelernt. Deshalb lebt Ruby bewußter als andere. Es gibt nichts, was sie nicht sieht – selbst bei absoluter Dunkelheit. Für sie gibt es immer Licht, das ihr niemand mehr nehmen kann.»

«Das ist ja alles schön und gut, Agnes», sagte ich, «trotzdem hättest du mich warnen können.»

«Manchmal muß die Wahrheit schmerzen, damit man sie nicht vergißt.»

Agnes schwenkte ihren Teebecher, goß die Flüssigkeit ab und ließ die nassen Teeblätter in ihre Hand fallen. «Mach die Augen zu», befahl sie mir, «und lehn dich zurück.» Sanft legte sie eine Schicht Kräuterteeblätter auf mein Augenlid. «Hilft das?» fragte sie und stieß mir in die Rippen.

«O ja», sagte ich dankbar und entspannte mich, während wohlige Wärme lindernd in mein Auge drang. «Danke.»

Minutenlang verharrte ich so in meiner selbstauferlegten Dunkelheit.

«Kannst du sehen, was ich mache?» fragte Agnes. Ich hörte, wie sie über die ausgetretenen Holzdielen der Veranda schlurfte.

«Natürlich nicht, Agnes», antwortete ich.

«Kannst du mir sagen, was ich jetzt tue? Kannst du mich jetzt sehen?»

«Ich weiß, daß du herumläufst, aber ich sehe nichts als Finsternis, Agnes.»

Agnes versank eine Zeitlang in Schweigen. Dann kam ihre Stimme von oben, weiter entfernt, so, als hocke sie auf dem Dach.

«Wenn du nur Dunkelheit siehst, kannst du so gut wie nichts von dem wahrnehmen, was um dich herum vor sich geht – es ist, als wärest du blind, selbst wenn du die Augen offenhältst.»

«Ja», sagte ich und verstand noch immer nicht, worauf sie hinauswollte.

«Es ist ganz einfach», sagte Agnes. «Das Licht, ob Sonnenlicht oder das Licht der Weisheit, erhellt vorhandene Dinge. Unwissenheit rührt schlicht und einfach daher, daß man nicht sieht, was man vor Augen hat. Wer in der Finsternis seiner Seele lebt, kann die Wahrheit nicht sehen, keinen Stuhl, keinen Gedanken oder was sonst zu seinem Nutzen existieren mag.»

Lange saß ich still da und folgte Agnes' Gedanken wie einem Faden in einem Gewebe. Schließlich ließ ich die Teeblätter in meine Hand fallen und schlug die Augen auf.

Verblüfft stellte ich fest, daß der Mond aufgegangen war und die Hütte im Dunkeln lag. In der Ferne hörte ich eine Krähe. Agnes war nicht zu sehen. In der Magengegend spürte ich ein sonderbares Ziehen, als stünde etwas sehr Wichtiges bevor.

2

Die Geschichtenerzählerin

Am darauffolgenden Morgen verkündete Agnes mit ernster Miene, daß wir sofort nach Mexiko aufbrechen müßten.

Die Vorahnung vom vorigen Abend war nicht von mir gewichen. Ich wußte, daß Agnes ihren Entschluß erläutern würde, wenn sie es für angebracht hielt. In all den Jahren, in denen ich ihre Schülerin war, hatte ich gelernt, einen derartigen Entschluß niemals in Frage zu stellen. Die Frauen der Schwesternschaft der Schilde sind ständig unterwegs, und sie haben immer wichtige Gründe dafür.

«Ich bin zwar sehr abgespannt, aber ich freue mich auf ein Wiedersehen mit Zoila und Jaguarfrau», sagte ich. Ruby und Agnes hielten in ihren Reisevorbereitungen inne und setzten sich rechts und links von mir an den Tisch.

Agnes fuhr wie gewohnt mit den Handflächen über die Astlöcher, die Kerben und die Maserung im Holz der Tischplatte.

«Sieh mal, meine Tochter, du hast viele Bücher geschrieben. Und die Bücher sind gut, es sind Bücher, die den Menschen etwas über unsere Traditionen vermitteln. Aber es wird Zeit, daß du etwas Neues lernst. Höchste Zeit, daß du eine Geschichtenerzählerin wirst.»

«Was meinst du damit?» fragte ich.

Ruby trug eine Kette aus Türkisen über einer gelben Bluse und Jeans. Das Himmelblau ihrer blinden Augen hob sich deutlich von ihrem dunklen Teint ab. Sie räusperte sich, um auf sich aufmerksam zu machen, und fuhr sich mit beiden Händen über das glänzende graubraune Haar. Es war nach hinten gekämmt und zu einem Zopf geflochten, der mit einem gelben Band zusammengehalten war und ihr über den Rücken hing. Sie nahm den Zopf und wand ihn zu einem Knoten auf dem Kopf.

«Es wird Zeit, daß du die Kunst des Zöpfeflechtens erlernst, die Kunst der heiligen Geschichtenerzählerin.»

«Aber ich dachte immer, davon würde ich was verstehen.»

«Ja, du verstehst die eine Sichtweise, aber jetzt ist es wichtig, eine andere zu lernen.»

«Das verstehe ich nicht», sagte ich.

«Na, gleich wird es dir klarwerden», erwiderte Ruby. «Du hast nämlich noch nie in der dritten Person geschrieben, wie ihr es nennt.»

«Stimmt», antwortete ich.

«Du mußt jetzt lernen, die Kunst des Zöpfeflechtens auf andere Weise zu betrachten. Wie du weißt, wohnt den Worten große Macht und Heiligkeit inne, viel Kraft zur Stärkung deiner Fähigkeiten und deines Willens.»

Wieder ergriff Agnes zu meiner Rechten das Wort. «Du erinnerst dich vielleicht daran, daß Jaguarfrau eine große Zöpfeflechterin ist. Sie ist eine vollendete Geschichtenerzählerin.»

«Woran liegt das?» fragte ich.

«Sie versteht es, sich selbst aus der Geschichte herauszunehmen», antwortete Ruby anstelle von Agnes. «Sie versteht es, ihre eigene Person vollständig zu entfernen, als wäre sie eine Fliege an der Wand ohne jeglichen Eigendünkel. Kommt sie zufällig in der Geschichte vor, spricht sie von sich, als wäre sie ein Teil der Geschichte. Sie webt einen heiligen Traum. Sie nimmt Wörter auf wie Fäden, wunderbar klar und vom Licht der Schöpfung gefärbt, und webt daraus, zusammen mit Magie und Macht, einen zusammenhängenden Stoff, so daß die Geschichte für die Zuhörer lebendig wird. Sie ist besser als alle Geschichtenerzählerinnen, denen ich je zuhören durfte.»

«Ist das denn nicht mündliche Überlieferung?» fragte ich.

«Ja, deine Aufgabe wird es jetzt sein, einer Geschichtenerzählerin zuzuhören und in einem Buch wiederzugeben, was du gesehen und gehört hast. In den nächsten Wochen liegen große Ereignisse vor dir, Kleine Wölfin, und wenn du an den Wegkreuzungen der Macht nicht den richtigen Weg einschlägst, begibst du dich in höchste Gefahr. Ich möchte, daß du dich einstimmst und dich ins Zentrum deiner eigenen Wahrheit versetzt, denn du wirst alle dir zur Verfügung stehende Kraft benötigen, um zu überleben.»

Ich atmete tief ein und schaute meine beiden Lehrerinnen prüfend an, ob ich nicht ein belustigtes Augenzwinkern entdeckte. Zogen sie mich auf oder versuchten sie, eine bestimmte Reaktion meinerseits zu provozieren?

Agnes streckte eine Hand aus, stark und fest von jahrelanger schwerer Arbeit, und berührte meinen Arm.

«Lynn, bei meiner heiligen Pfeife, wir sprechen die absolute Wahrheit. Wir machen uns auf in den Süden von Mexiko. Wegen einer Angelegenheit, die ich nicht näher erläutern will. Du sollst sie einfach erfahren. Ich hoffe, daß uns Jaguarfrau auf unserer Reise in den Süden mit ihren außergewöhnlichen Fähigkeiten die Geschichte erzählt, die sich in ihrem Leben zugetragen hat und nun ein Teil von uns geworden ist.

Von diesen Geschichten kannst du viel lernen. Paß also gut auf, daß dir nichts entgeht. Du darfst keinerlei Fehler machen, damit du mit heilem Verstand überlebst. Hörst du mich, wie du den Wind hörst?» fragte sie.

Lange blickte ich ihr schweigend in die Augen. Ich spürte, daß ich aus jeder Pore schwitzte, und eine nie gekannte Furcht überfiel mich. Meine Lehrerinnen hatten sich noch nie in dieser Weise an mich gewandt. Dann versenkte ich mich in die Mitte meiner Macht und erkannte, daß ich stärker war als je zuvor. Der Zeitpunkt, von ihnen geprüft zu werden, war günstig.

«Meine Lehrerinnen – Agnes, Ruby – ich höre euch. Wenn ich richtig verstanden habe, dann stehen mir Prüfungen bevor, Augenblicke größter Wichtigkeit. Ich werde alle meine Kräfte mobilisieren. Ich danke euch, daß ihr es mir gesagt habt. Ich werde mir anhören, was Jaguarfrau zu sagen hat, und ich werde über ihre Geschichten schreiben, so gut ich kann. Ich freue mich auf diese Reise und bin sehr aufgeregt. Ich danke euch, daß ihr mich auf diesen Pfad des Herzens mitnehmt.»

Von beiden erhielt ich ein Geschenk. Agnes streckte die Hand aus und reichte mir ihren Kristall, der trotz seiner geringen Größe das Licht einfing und in allen Farben des Regenbogens auf die Wände der Hütte warf. Ruby schenkte mir eine winzige Kaurischnecke.

«Dieses Schneckenhaus war vor langer, langer Zeit in das Hochzeitskleid meiner Mutter eingenäht. Ich möchte, daß du es behältst. Steck diese beiden magischen Geschenke in deinen Medizinbeutel und trag ihn um den Hals, bis wir wieder hier sind. Wir geben sie dir mit all unserer Liebe und unserem Vertrauen in deine Willenskraft.»

Eine Stunde, bevor wir abreisten, trat ich ins Freie, um eine Zeremonie abzuhalten.

3

Der Traum einer Zauberin

Ich saß auf meinem sprechenden Stein an einem Bach in der Nähe der Hütte – wie immer, wenn ich meine Geisthelfer heraufbeschwor und Heilung suchte. Mein Blick wanderte durch die Baumwipfel nach oben. Die Sonne stand genau richtig für meinen Traum. Ich löste den Medizinbeutel von meiner Halskette, leerte Schneckenhaus und Kristall in meine Handfläche und hielt sie fest. Ich schloß die Augen und träumte mit meinen Geisthelfern von der bevorstehenden Reise.

Ich lauschte dem Gurgeln des Baches und dem Säuseln des Windes in den Bäumen. Dann sah ich im Traum eine schöne Frau, die mir bekannt vorkam, deren Name mir aber nicht einfiel. Sie war einsam und verzweifelt, weil ihr Geist eine Schwäche gezeigt hatte, die niemand zu verstehen schien.

Von neuem spürte ich ein Ziehen in der Magengegend. Ich rollte Schneckenhaus und Kristall von einer Hand in die andere und ließ das Licht auf ihnen spielen. Das Zusammenspiel von Hautkontakt und Lichtspiel löste eine Vorahnung in mir aus. Das Sonnenlicht glitzerte auf dem Wasser. Ich versuchte, meine Gedanken von dem unbehaglichen Gefühl zu lösen. Je tiefer ich in meine Heiltrance versank, um so deutlicher spürte ich etwas Sonderbares in meiner heiligen Vision, etwas, das ich noch nie zuvor erlebt hatte. Vor meinem geistigen Auge erschien ein strahlendes Rubinrot, die Farbe der Leidenschaft und des Zorns, die Farbe des Blutes bei Sonnenuntergang. Zugleich vernahm ich ein Knacken, als wäre ein Zweig von einem Baum abgerissen und mitten entzwei gebrochen worden. Das heftige Geräusch hatte mich zutiefst erschreckt. Ich fuhr zusammen und drückte Schneckenhaus und Kristall so fest, daß sie mir in die Handfläche schnitten.

Langsam entstand vor meinem inneren Auge das Chaos eines Sturms, der in starken Windböen Licht und Finsternis um mich herum aufpeitschte. In diesen Strudeln tauchte das maskenhafte Gesicht einer schönen Frau mit langen schwarzen Haaren und den todbringenden Augen einer bösen Zauberin auf, deren Bestreben einzig darauf abzielte, Unheil zu verbreiten und Rache zu üben.

Handelte es sich vielleicht um Sin Corazón? Sie sah so verändert aus, so gewalttätig. Ich bekam es mit der Angst zu tun. Erst nachdem ich meine Mitte gefunden hatte, war ich in der Lage, die Energiebahnen, die vom Herzen dieser Frau ausgingen, zu verfolgen. Ich stieß auf den Schmerz und die Trauer einer Frau, die das Können eines Schwarzmagiers tief im Dschungel des Südens erforscht hatte und ihm zum Opfer gefallen war. Ich sah einer Tragödie und einem Diebstahl ins Antlitz, vermochte jedoch nicht zu sagen, in welcher Beziehung ich zu dieser schmerzhaften Vision stand. Ich legte Schneckenhaus und Kristall in wahlloser Reihenfolge zu anderen Kristallen. Ich betrachtete das entstandene Gebilde wie Teeblätter auf dem Boden einer Tasse. Ich entdeckte, daß diese Frau eine ältere war und große Macht besaß. Sie glich Jaguarfrau, die zwischen der schwarzhaarigen Zauberin und einem alten Mann stand, der ebenfalls sehr viel Macht ausstrahlte.

Das leichte Unwohlsein war einem stechenden Schmerz gewichen. Ich mußte Agnes und Ruby unbedingt von dem drohenden Diebstahl unterrichten. Für den Bruchteil einer Sekunde tauchte ein märchenhaft schöner Sternrubin vor mir auf, schöner als alle Edelsteine, die ich je gesehen hatte. Es war der Schamananstein, der heiligste Fetisch der Schwesternschaft der Schilde. Sein eigentlicher Wert bestand in seiner Bedeutung für die Schwesternschaft und in seiner Fähigkeit, die heilende Kraft des Lichtes zu wahren und zu übertragen. Ich sah einen Kreis indianischer Frauen, die ihn schützten: die Schwesternschaft.

Ich atmete tief ein. Die Visionen verblaßten. Ich nahm meine Sachen an mich und ging zur Hütte zurück.

Ich berichtete Agnes und Ruby, was ich gesehen hatte. «War das Sin Corazón? Was ist mit ihr? Sie sieht schrecklich böse aus!»

«Komm, wir müssen aufbrechen», sagte Agnes. «Du wirst es früh genug erfahren.»

4

Verbannung

Dunkle Wolken zogen am Horizont auf. Ein ungewöhnlich kühler Wind wehte aus westlicher Richtung und trug salzige Meeresluft zu den mächtigen Frauen, die sich in den Bergen im Süden Mexikos versammelt hatten.

Es war die Schwesternschaft der Schilde, vierundvierzig an der Zahl, die das uralte Wissen und die Macht der Frau erlernt und von Schwester an Töchter und Schülerinnen weitergegeben hatten. In der langen Geschichte der Schwesternschaft hatte es noch nie eine Abtrünnige gegeben.

Diesmal hatten wir uns zu einem traurigen Anlaß zusammengefunden, und unsere Mienen waren ernst. Viele von uns waren von weither angereist.

Im Mittelpunkt dieses Kreises auserwählter Frauen, die vor Macht, Lebendigkeit und schöpferischer Energie gleichsam sprühten, stand Jaguarfrau. Sie trug die rituelle, aus Holz geschnitzte Jaguarmaske, die sie bei den Zeremonien im Kreise der Schwesternschaft immer aufzusetzen pflegte.

Neben Jaguarfrau stand ihre Schülerin, Sin Corazón, «Ohne Herz». Zwischen den beiden floß sehr viel schmerzhafte Energie. Jaguarfrau nahm ein schwarzes Baumwollband, in das farbige Symbole eingewebt waren und an dem verschiedene Elemente hingen, die Dunkelheit, Loslösung, Endgültigkeit und zerbrochene Beziehungen darstellten, und legte es Sin Corazón um Hüfte und Schultern.

Das Ausmaß der Trauer und des Schmerzes dieser Zeremonie war verheerend. Wir wandten unsere gesamte Energie für dieses Ritual auf. Doch Sin Corazón brachte weder Bedauern noch Reue zum Ausdruck. Statt in Tränen auszubrechen, wurde sie zornig. Auf ihrem Gesicht spiegelten sich Kälte und eherne Ablehnung wider, die ich ebenso stark empfand wie die Macht von Jaguarfrau. Es lag eine Art Haß in diesen Augen des Todes, die einen nahezu schwarzen Glanz abstrahlten.

Diese Frau habe ich immer sehr gemocht, dachte ich, und glaubte sie zu kennen. Nun war deutlich geworden, daß sie viele Seiten hatte, von denen ich überhaupt nichts wußte. So verständlich ihre tiefsitzende Trauer um den verlorenen Ehemann auch war: Die dunkle Leidenschaft, die dahintersteckte, vermochte ich nicht nachzuvollziehen. Im Dschungel, nicht weit von dem Ort entfernt, an dem wir unsere Rituale abhielten, war Sin Corazón mit einem mir unbekannten Lehrer in die geheimnisvolle Welt der Schwarzmagie abgeglitten.

Die Pfade, die sie gewählt hatte, waren mir fremd. Nicht etwa, daß ich mich der Dunkelheit, in die sie sich begeben hatte, überlegen fühlte, denn ich glaube, daß es Zeiten im Leben gibt, in denen wir alle zu Unglaublichem fähig sind. Wenn wir ein Kind zu beschützen hätten, gäbe es keine in diesem Kreis, die nicht zu einem Mord bereit wäre. Aber hier handelte es sich nicht um Notwehr; hier ging es um kaltblütige Machtspiele.

Ich erinnerte mich, wie Sin Corazón vor einigen Jahren auf einer unserer Versammlungen erschienen war – an ihre auffallende Erscheinung, ihre Intelligenz, ihre Fähigkeit, die Aufmerksamkeit blitzschnell an sich zu reißen und auf eine Art zu beherrschen, die uns anderen mißfiel. Sie hatte den Kreis mit ihrem Gezänk und ihrem Geschick, eine Frau gegen die andere aufzuwiegeln, empfindlich gestört. Offenbar hatte sie sich schon lange an die beiden Frauen herangepirscht, die sich auf den Streit einließen, der am Ende die Wirkung, die Natur und die Reinheit dessen, was wir zu erreichen versuchten, vernichtete.

Das war eine der Begabungen, die Sin Corazón im Leben ausnutzte. Wenn sie auftauchte, erweckte sie stets den Eindruck, als habe sie ausschließlich Gutes, Freundliches und Wichtiges im Sinn. Statt dessen aber säte sie Zwietracht. Nichts wurde erreicht; Dunkelheit, Verwirrung und Vertrauensverlust verbreiteten sich unter den Menschen ihrer Umgebung.

Jaguarfrau zog ihre Schülerin an dem schwarzen Band, das sie um sie geschlungen hatte, zu sich. Sin Corazón gab sich widerstrebend, obwohl sie gewiß nicht so töricht war, einer Lehrmeisterin von derart außergewöhnlicher Macht wie Jaguarfrau nicht zu folgen. Doch ihrer Haltung war anzusehen, daß sie sich Jaguarfrau jetzt ebenbürtig fühlte. Die Art und Weise, wie diese mit ihrer Schülerin umging, zeigte deutlich, daß sie es als ihr Schicksal betrachtete, ihre Schülerin verloren zu haben. Sie legte eine gewisse Ergebenheit an den Tag, beinahe wie eine erschöpfte Mutter gegenüber einem Kind, das auf Abwege geraten ist und nicht weiß, was es tut. Es war, als sähe Jaguarfrau, wie Sin Corazón mit einer Geschwindigkeit von einhundert Stundenkilometern auf eine Mauer zurast, und wüßte doch, daß sie, die Lehrerin, die Mauer nicht entfernen kann.

Schließlich hielt Jaguarfrau inne, schaute Sin Corazón an, wickelte ihr das schwarze Baumwollband um den Kopf und bedeckte ihre Augen. Dann schlug sie rasch den ganzen Körper wie eine Mumie ein, so daß Sin Corazón sich nicht mehr rühren konnte. Anschließend löste Jaguarfrau eine sehr lange, alte Schärpe von der eigenen Hüfte. Sie war über und über mit Symbolen bestickt, Darstellungen der zahlreichen heiligen Rituale, die sie mit ihren Schülerinnen im Laufe der Zeit abgehalten hatte. Nachdem sie das eine Ende der Schärpe um Sin Corazóns Hüfte, das andere um die eigene geschlungen hatte, griff sie nach der scharfen Obsidianklinge, die nur in Ritualen verwendet wird, hob die Arme zum Himmel empor, schrie in den Kosmos hinaus, um dann einen Gesang in Quechua anzustimmen.

Mit einem kräftigen Schnitt zerteilte Jaguarfrau anschließend die Schärpe in zwei Hälften. Ihre Symbolkraft war nunmehr beschädigt, sie war bedeutungslos geworden. Die Schärpe fiel zu Boden. Jaguarfrau stieg darüber hinweg wie über ein Hindernis. Dann drehte sie ihre Schülerin linksherum – hin zu den dunklen Mächten – und wickelte sie aus dem schwarzen Band. Am Ende stand Sin Corazón allein in der Mitte unseres schweigenden Kreises.

Ich konnte nicht glauben, was ich gerade mit eigenen Augen gesehen hatte. Noch nie hatte ich etwas über eine Verbannung gehört, über einen Fall von Abtrünnigkeit unter diesen Frauen. Das, was hier geschehen war, würde mich noch lange beschäftigen, bis ich es verstanden und verdaut hatte.

Sin Corazón blickte uns alle durchdringend an, doch ihre Augen waren glasig, als läge eine sonderbare Wahrnehmung wie Staub darauf. Sie lachte tonlos. Dann trat sie aus dem Kreis und ging Richtung Westen davon – eine symbolische Geste des Todes. Auch für sie war etwas zu Ende gegangen. Sie verschwand in der Dunkelheit. Ich würde sie eine Weile nicht wiedersehen.

Wir anderen standen im Licht des Mondes noch immer im Kreis und wußten nicht recht, wie weiter. Agnes und Ruby, die mich in ihre Mitte genommen hatten, und Zwillingsträumerin, die ein paar Frauen weiter stand, setzten sich auf die Erde. Wir taten es ihnen gleich. Jaguarfrau holte ihre heilige Pfeife hervor und reichte sie herum. Still trauerten wir um eine Schwester, die sich auf einem Irrweg befand. Dennoch sagte mir eine innere Stimme, daß dies der Anfang einer langen Reise der Wandlung sein würde, sehr wahrscheinlich eine der rätselhaftesten.

Sin Corazón war meine Freundin gewesen, doch hatte ich ihr nie in die Niederungen der Dunkelheit folgen können, die sie offensichtlich so sehr liebte. Deshalb saß ich da, wartete und beobachtete Jaguarfrau. Doch sie war in Gedanken und vollkommen in ihre eigene Bestürzung und Ratlosigkeit vertieft.

Also saß ich schweigend da und betete für den Geist unserer verlorenen Schwester.

«Was wird mit ihr geschehen?» fragte ich Agnes flüsternd.

Agnes streckte eine Hand aus und hielt die meine einen Augenblick fest.

«Es wird vielleicht viele Leben dauern, bis sie erkennt, wie weitreichend die Entscheidung war, die sie gerade getroffen hat», erwiderte sie. «Warum der Große Geist sich auf derart rätselhafte Weise betätigt, läßt sich nicht sagen. Das Leben stellt eine große Herausforderung dar, wenn du in der Lage bist zu erkennen, daß die Gabelungen auf dem Weg Möglichkeiten sind.»

«Aber Agnes, sie ist gerade aus einer der größten Schwesternschaften, die es je gab, verbannt worden! Was kann es für sie noch geben außer Trostlosigkeit und Schmerz?»

Agnes lächelte mir zu. «Kleine Wölfin, verfange dich nicht in dem Traum. Du darfst das, was du siehst, nicht mißverstehen!»

«Ich verstehe es einfach nicht», sagte ich. «Wie kann sie sich gegen uns alle wenden? Sie hat versucht, uns zu verletzen, unsere Macht zu stehlen, uns zu betrügen. Warum?»

«Vergiß nie, daß das Leben ein Erwachen aus einem langen Schlaf der Seele ist. Jede von uns muß die Leere in sich auf unterschiedliche Weise füllen. In Sin Corazón existiert ein großes Loch.»

«Ist das der Grund, warum sie so gehandelt hat?»

«Ja», sagte Agnes und nickte. «Genau.» Sie legte eine Hand auf mein Sonnengeflecht, das angespannt war und schmerzte. «Hier ist sie leer. Gewiß hast du das Loch auch bemerkt, so wie wir anderen.»

«O ja», sagte ich.

«Diese Art Loch ist anders als die Aushöhlung, die im Herzen entsteht, wenn man seine Familie liebt, wenn man mit einem anderen Menschen verbunden ist. Lehrer in der Welt der Magie meinen, daß man, um persönliche Macht zu erlangen, ohne selbst verletzlich zu sein, die Vergangenheit vergessen und geliebte Menschen hinter sich lassen muß. Sin Corazóns Loch war zunächst mit liebevoller Zuneigung gefüllt, die sich in Verletzlichkeit verwandelte – was eine Tragödie ist. Unter einem anderen Gesichtspunkt ist es wiederum ganz und gar nicht tragisch!»

«Was soll das heißen?» fragte ich.

Agnes sah mich unverwandt an. Das lustige Aufblitzen in ihren Augen entging mir nicht. «Sin Corazón stattet ihre Medizin mit machtvollen Botschaften aus. Sie muß auf eine Art und Weise lernen, die wir beide uns nicht einmal im Traum vorstellen können. Wir würden diesen Weg nie wählen – nicht in diesem Leben! Aber wer sagt, daß wir ihn nicht in einem anderen Leben bereits gegangen sind? Gewiß kennen wir diese Pfade, sonst könnten wir sie nicht nachvollziehen.»

«Agnes, ich verstehe nicht, wieso du das, was gerade geschehen ist, so auf die leichte Schulter nehmen kannst.»

Agnes seufzte tief. Die ewigen Fragen ihres kleinen Wolfskindes empfand sie allmählich als ermüdend. Ich sah ihr an, was sie fühlte, vermochte aber diese dunkle Straße, auf der Sin Corazón und viele ihrer Schwestern und Brüder zum jetzigen Zeitpunkt offenbar wandelten, noch immer nicht zu verstehen.

«Ja, stimmt», sagte Agnes. «Es ist eine schwierige Zeit. Aber eine schwierige Zeit beinhaltet wichtige, tiefgreifende Lektionen für jeden einzelnen von uns. Eines Tages wird Sin Corazón sich entscheiden müssen. Sie kann zurückkommen...»

«Soll das heißen, Jaguarfrau wird sie wieder aufnehmen?» fragte ich erstaunt.

«Das hängt davon ab, ob sie es von Herzen ehrlich meint und was sie im einzelnen veranlaßt hat, zurückzukehren. Aber ich bin mir ziemlich sicher, daß die Geschichte hier noch nicht zu Ende ist», sagte Agnes und lächelte. «Es gibt noch viel zu lernen. Und es würde mich nicht wundern, Kleine Wölfin, wenn Sin Carazón auf dich zukäme.»

«Wie kommst du denn darauf?» fragte ich entgeistert.

«Weil du die Jüngste unter uns bist und sie vielleicht töricht genug ist anzunehmen, daß du nicht nur die Jüngste, sondern noch dazu die Unerfahrenste bist.»

«Du meinst die Dümmste», sagte ich.

«Na ja... das könnte sie annehmen, und ich werde das Gefühl nicht los, daß sie tatsächlich dieser Ansicht ist. Dann wird sie auf dich zukommen und versuchen, dich zu ihrer Verbündeten zu machen. Denk an meine Worte. Wir, die wir uns um ein tiefgreifendes Verständnis bemühen, erhalten viel mehr, als wir erwartet haben...»

«Agnes...»

Ich wollte unsere Unterhaltung fortsetzen, teilweise um den Druck, den ich im Magen spürte, loszuwerden, aber auch, weil ich vollkommen verstehen wollte, was in diesem Kreis vor sich ging.

«Agnes, warum wenden sich Frauen gegen Frauen, wie es in meiner Gesellschaft geschieht? Wenn ich nach Hause komme, erlebe ich es immer wieder! Frauen, die sich mochten, fallen übereinander her, daß die Fetzen fliegen. Sie sind alles andere als Verbündete.»

Agnes nahm einen Stock und begann, Kreise in den Sand zu zeichnen. Im Mondlicht sahen die Glimmerteilchen in Granit und Sandstein wie reines Silber aus.

«Das hier sind Schilde», sagte Agnes. Sie malte vier Kreise um einen großen Kreis, jeweils einen Schild für jede Himmelsrichtung. «Stell dir vor, es wären deine Schilde. In jeder Richtung in dir gibt es einen männlichen und einen weiblichen Schild. Wenn du in einem System arbeitest, das patriarchalisch ausgerichtet ist, neigst du dazu, ob bewußt oder unbewußt, den männlichen Schild aufzunehmen. Das kann sehr kompliziert werden, weil dein männlicher Schild Bestandteil deiner Großen Nährmutter sein kann. Die Große Nährmutter ist im Norden, die Todesmutter im Süden. Dein männlicher Schild kann sich nun in der Todesmutter oder in der Großen Nährmutter befinden. Das hängt davon ab, ob du die Energie der Großen

Nährmutter unter einem positiven oder negativen Aspekt benutzt. Dein männlicher Schild kann aber auch die Regenbogenmutter im Osten oder die Verrückte im Westen darstellen. Wenn du als Regenbogenmutter verletzt bist und einen männlichen Schild verwendest, ohne zuvor Ganzheit erlangt zu haben, wirst du wahrscheinlich bei einem männlichen Schild landen, der die Verrückte widerspiegelt. Das ist der Grund für dein zerstörerisches Verhalten in der Welt. Damit untergräbst du nicht nur deine eigenen Errungenschaften, sondern verbreitest darüber hinaus Streß und Anspannung, ja sogar Chaos unter Arbeitskollegen und Freunden – vor allem unter Frauen.

Genau das hat Sin Corazón getan. Sie hat einen männlichen Schild zur Hand genommen, der sich in der Verrückten aus dem Westen äußert. Im Grunde ihres Wesens ist sie eine Regenbogenmutter, aber sie hat die dunkle Seite ihrer Regenbogenmutter-Energie nie geheilt. Deshalb hat sie sich mit Magie beschäftigt. Jaguarfrau hat versucht, Sin Corazón ins Zentrum ihres verwundeten Selbst zu schicken, das Schwarzmagie beinhaltete und alles widerspiegelte, was sie lernen mußte. Was mit ihrem Mann geschah, war eine Schattenform von Ereignissen aus ihrer Kindheit; sie hatte weder die Kraft noch den Willen, gesund zu werden – zumindest damals nicht. Aber alles ist im Wandel begriffen. Deshalb meine ich, sie wird vielleicht den männlichen Schild der Verrückten ablegen. Und genau an dem Punkt wird sie zu Jaguarfrau zurückkehren, um geheilt zu werden. Aber wenn sie den Schild nicht fallen gelassen hat, wird Jaguarfrau nichts mit ihr zu tun haben wollen. Damit will ich nicht sagen, daß eine Frau keinen männlichen Schild in die Hand nehmen darf. Keinesfalls. Alle Schilde sind da, damit man sie benutzt, aber sie müssen dir Kraft und Macht verleihen. Und du darfst keine Wunde haben, wenn du sie trägst.»

«Das soll also heißen – das habe ich noch nie ganz verstanden, Agnes –, daß man eine Regenbogenmutter, eine Große Nährmutter, eine Todesmutter und eine Verrückte in sich hat?»

«Ja», antwortete Agnes.

«Und wenn ich die Energie in den weiblichen Schilden recht verstanden habe, so gibt es auch ein männliches Gegenstück. Richtig?»

«Ja», erwiderte sie.

«Du sagst also, daß es in Ordnung ist, wenn ich mich beispielsweise als Große Nährmutter entschließe, mit einem männlichen Schild in die Welt hinauszutreten, solange ich heil und unversehrt bin und die Wunden meines Selbst aus den Erfahrungen der Vergangenheit überstanden und deren Auswirkungen auf mein Bewußtsein auskuriert habe? Aber wenn ich nicht mit diesen Seiten meines Selbst gearbeitet habe und einen männlichen Schild ergreife, um in der Welt zu arbeiten – um eine erfolgreiche Schriftstellerin oder Ähnliches zu werden –, dann wäre dieser männliche Schild mit der negativen, zerstörerischen Energie der Todesmutter gefüllt. Stimmt's?»

«Genau. Und dasselbe gilt für die Regenbogenmutter im Osten, deren dunkle Seite die Energie der Verrückten im Westen ist. Sin Corazón ist nie genesen und hat sich trotzdem in die männliche Welt der Magie begeben. Natürlich gibt es auch eine weibliche Welt der Magie, aber Sin Corazón hat sich einen männlichen Lehrer ausgesucht – zum Teil deshalb, weil es die Energie zu sein scheint, mit der sie zu diesem Zeitpunkt ihres Lebens am besten arbeiten kann. Das heißt aber nicht, daß sie sich nicht verändern kann.»

«Also, Agnes, noch einmal, inwiefern gilt das auch für alle Frauen in der Welt?»

«Es gilt für die meisten Frauen. Viele von uns müssen sehr stark an sich selbst arbeiten, so daß es ein Leben lang, manchmal sogar noch länger dauert, um die schwierigen Bedingungen unserer Kindheit, die zuweilen sogar mit Mißbrauch einhergingen, zu überwinden. Das Leben von heute ist eine große Herausforderung, weil wir uns mit so vielen Dingen beschäftigen müssen. Sin Corazón ist da keine Ausnahme.

Häufig wirst du feststellen, daß die wirklich begabten Frauen herausragende Persönlichkeiten an Universitäten oder in anderen Berufen, die weibliche Realität vollkommen neu beleuchten. Alle auf wissenschaftlichem Gebiet tätigen Frauen, von denen du sprichst, sind in gewisser Weise etwas Besonderes. Ich kann das Kraftfeld über euren Gesellschaften wahrnehmen – es ist sehr hübsch anzusehen. Aber mir fällt auf», sagte sie und steckte den Stock in die Mitte des Kreises, «daß diese besonderen Frauen sich mit ihrem Wissen und allem, was sie zu sehen bekommen, quälen. Aus diesem Grund sondern sie sich auf ungewöhnliche Weise ab. Sie sind derart in sich verschlossen, daß ihre Energie implodiert und sie zuweilen sehr schwer verletzt. Sie leiden oft unsägliche Schmerzen, weil sie sich mißverstanden fühlen; die Welt hört nicht auf sie. Das ändert sich zur Zeit, aber in vielen Fällen ist es leider noch immer so. Dann nimmt eine Frau ihren verwundeten negativen Schild in die Hand und geht in die männliche Welt. Aber dieser männliche Schild steckt voller Energie der Todesmutter des Südens oder der Verrückten des Westens.

Deshalb, Kleine Wölfin, ist es sehr wichtig, diese Seiten der Energie zu verstehen und zu heilen. Sonst kannst du in der Welt nicht viel Gutes bewerkstelligen. Leider kann der Schaden, den du anrichtest, all deine Versuche, Gutes zu tun, zunichte machen.»

Ich verfolgte die Kreise, die sie in den Sand gezeichnet hatte, und dachte über ihre Worte nach. Was sie gesagt hatte, zeugte von großer Weisheit. Es war wichtig, diese Schilde nicht nur als Symbole zu verstehen, sondern auch als Muster für die Bewußtwerdung. Sie stellen Energieformen dar, die wir schaffen und für die wir verantwortlich sind.

Da ein Schild aber eine Energieform ist, kann er verändert werden, man kann mit ihm arbeiten, und man kann lernen, damit umzugehen. Als ich in jener Nacht im Kreise meiner Schwestern saß, wurde mir vieles klarer. Neue Hoffnung für Sin Corazón keimte in mir auf. Sollte sie Heilung erfahren, würden auch ihre Schilde wiederhergestellt.

Jenseits des Feuers und der silbergrauen Rauchwölkchen

setzte langsamer Trommelschlag ein. Wir nahmen unsere Trommeln zur Hand und begleiteten Jaguarfrau und den Rhythmus ihres Herzschlags, während sie ein ergreifendes Lied über eine Mutter anstimmte, die ihre Tochter verliert, da sie den Kriegern der Sonne als blutiges Opfer dargebracht wird.

5

Scheideweg eines Zauberers

«Ich danke euch, meine Schwestern, daß ihr euch heute hier eingefunden habt. Ich weiß, es war eine lange Reise für euch, aber es wäre nicht möglich gewesen, das Ritual ohne euch durchzuführen.» Agnes, Ruby und ich gingen mit Jaguarfrau zu ihrer Hütte zurück. Ich blickte zum Himmel, an dessen Horizont sich schwarze Regenwolken türmten. Das helle Mondlicht teilte den Himmel in silberne und dunkle Bahnen. In der Hütte zündete Jaguarfrau eine Kerosinlampe an, und wir setzten uns gemeinsam an einen Tisch. Immerzu schaute ich aus dem Fenster auf die leuchtende Scheibe des Mondes, ein wunderbares Licht in der Dunkelheit ringsum. Sin Corazón ging mir nicht aus dem Kopf. Bei dem Ritual in dieser Nacht hatte sie wie ein schwarzer Mond gewirkt.

«Jaguarfrau, kannst du uns sagen, was mit Sin Corazón geschehen ist? Ich weiß, daß sie bei dir gelernt hat, und als ich sie vor einigen Jahren bei dir kennenlernte, war sie mir sehr sympathisch.»

Jaguarfrau schien in Gedanken versunken und schwieg. Augenscheinlich durchlebte sie unvorstellbare Trauer. Trotzdem glomm ein Funke der Hoffnung in ihren Augen, als wüßte sie mehr als wir.

«Lynn, Agnes und Ruby haben es dir ja bereits gesagt, es wird Zeit, tief in das dunkle Labyrinth deiner Seele hinabzuschauen.»

«Ich hoffe», sagte ich, «daß es mir am Ende nicht so ergehen wird wie Sin Corazón.»

Ruby legte einen Augenblick ihre Hand auf die meine. «Aber das ist unmöglich. Kleine Wölfin. Du gleichst Sin Corazón nicht im entferntesten, wenn nicht... Nein, das würde dir nie passieren. Du würdest dich nie an jenen Ort der Zauberei und des Bösen begeben, wenn nicht...» Ruby hielt inne. «Wenn nicht was?» fragte ich.

«Wenn nicht zum Beispiel...» Sie stand auf und schritt langsam durch den Raum, mit den Fingern heilige Gegenstände ertastend, die Jaguarfrau im Laufe der Jahre gesammelt hatte: hier ein kleines Lederbündel, dort eine mit Kordeln zusammengehaltene Decke. Es sah aus, als würde Ruby einen Augenblick aus dem Fenster schauen, aber in Wirklichkeit hatte sie ihren Blick nach innen gerichtet. Dann wandte sie sich in beinahe bedrohlicher Manier an mich und sagte: «Wenn du auf dem Medizinrad nach Süden gehen müßtest, an den Ort des Nährens – einen Ort, den du in dir hast, aber nicht oft gebrauchst –, könnte etwas sehr Gefährliches eintreten. Du hast immer den westlichen Schild genommen, Kleines. Aber ich glaube, daß dir jetzt eine interessante Prüfung bevorsteht.»

Ich schaute sie sprachlos an. Mein Magen verkrampfte sich, mein Sonnengeflecht begann sich gegen eine unbekannte Bedrohung zu wappnen.

«Verstehst du, wenn du auf dem Rad nach Süden gingest... bis hin zu dem kleinen Mädchen, an den Ort, an dem du als Kind bemuttert werden wolltest, was dir jedoch vorenthalten wurde – vor allem von deinem Vater! –, dann wirst du verletzlich. Er hat dich genährt, aber nicht ernährt. Auch er war ein Regenbogenmann. Er hat dein Wesen genährt, deinen Körper aber praktisch verhungern lassen. Wenn nun Sin Corazón zum Beispiel...» Ruby setzte ihren Rundgang durch den Raum fort. Die beiden anderen Frauen blieben sitzen und hörten ihr gebannt zu. «Wenn Sin Corazón zu dir kommt...»

Ein Lächeln huschte über das Gesicht von Jaguarfrau. Dann

wurden ihre Augen dunkel, während sie aufmerksam lauschte.

«Wenn sie zu dir kommt und dich um Hilfe bittet, Kleine Wölfin... dann wirst du Mitleid haben.»

«Nein.» Ich sah Ruby an und schüttelte heftig den Kopf.

«Ich denke, es kann sein, daß du Mitleid empfindest. Weil du weißt, wie es ist, wenn man sich verirrt. Als kleines Mädchen hast du dich einmal in einem Wald verlaufen, und es war niemand da, der sich um dich kümmerte. In gewissem Sinne hattest du dich in einem Wald von Gefühlen des Entsetzens und der Angst verirrt. Kann sein, daß Sin Corazón zu dir kommt und sich an dieses Kind in deinem Süden wendet – was einer Art Selbstzerstörung gleichkäme.»

«Aber, Ruby, ich habe mich in den vergangenen Jahren zur Heilerin ausbilden lassen. Wenn meine Schwester sich hilfesuchend an mich wendet, warum sollte ich sie nicht heilen?»

«Erlaube, daß ich statt dessen eine Gegenfrage stelle. Wenn ein Alkoholiker zu dir kommt und dich um Geld für eine Flasche Schnaps bittet, wenn er dem Tode nahe ist und unter Delirium tremens leidet, würdest du ihm Geld geben?»

«Nun ja... nein», sagte ich, «weil es seinen Todeskampf nur verlängern würde.»

«Genau!» sagte sie. Ruby drehte sich auf dem Absatz um, schob die rot-blaue Decke aus Guatemala, die an einem der Türpfosten hing, zur Seite, und verschwand im Dunkeln.

Ich wandte mich an Agnes. «Und was ist mit Sin Corazón? Warum sollte sie mich um Hilfe bitten?»

«Nun, darüber können wir gleich sprechen. Jetzt, Lynn, denke ich, ist es sehr wichtig, daß du verstehst, was geschehen kann. Was ist Gut und Böse? Was ist negative und was ist positive Energie? Die Himmelsrichtungen und Schilde sind ohne Bedeutung, wenn sie dir nicht dienen, wenn sie dir nicht zum Verstehen verhelfen.

Die Himmelsrichtungen sind eine Art zu denken, aber sie

sind auch sehr reale Energieformen. Vergiß nicht, daß du von einer leuchtenden, fast eiförmigen Aura umgeben bist, die vieles enthält, wie zum Beispiel deine Schilde, deine Kraftfelder, deinen Glanz, deine Art, an die Welt heranzugehen. Es gibt so viele Räder der Macht mit unterschiedlicher Bedeutung. Es gibt so vieles in der leuchtenden Aura, die du darstellst. Es dauert ein ganzes Leben, um alles zu begreifen.

Ich möchte, daß du verstehst, was hier vor sich geht. Sin Corazón ist eine Ost-West-Frau, ebenso wie du, aber sie hat sich schon sehr früh auf ihre Gegenseite, ihre negative Seite begeben: in die Verrückte im Westen des Rades. Die dunkle Seite, die Magie, hat es ihr angetan.

Sobald du dich zum Bösen hinwendest, überquerst du eine Linie. Natürlich ist es deine freie Entscheidung. Sie hat an einem Punkt beschlossen, weiterzugehen und die Linie zu überschreiten – und stolperte in einen Abgrund. Das Interessante daran ist, daß sie einen männlichen Schild ergriffen hat. Sie hätte einen weiblichen nehmen können, der ebensogut ein Teil der Verrückten hätte sein können. Doch sie hat den männlichen Aspekt gewählt – mächtig, stark, negativ, beherrschend, aktiv in der Welt. Der weibliche Aspekt der Verrückten wäre ruhiger gewesen, empfänglicher und eher einem Schoß gleich in seiner Fähigkeit, Wissen und Weisheit in sich aufzunehmen. Doch sie griff zum Speer. Sie schritt aktiv voran in die Welt. Sie hat schreckliche Dinge getan, für die sie ihr Leben lang bezahlen muß... selbst wenn sie heute, genau in diesem Augenblick, ins Licht zurückkehrte und ihre starke östliche Richtung wiederaufnehmen würde.

Aber weißt du, wenn sie dich um Hilfe bittet, wenn sie sich mit dir treffen will, wird sie dich wahrscheinlich reinlegen. Sie will, daß du nach Süden gehst, an den Ort des Mitleids-mit-dem-Kind. Mag sein, daß sie als kleines Mädchen zu dir kommt und verlangt, daß du Mitgefühl und Schwäche zeigst. Wenn du dich nun wie eine Mutter um sie kümmern willst, wird sie verzweifeln. Du wirst nach Norden gehen und sie nach Süden, um eure Energien auszugleichen. So, Kleine Wölfin... nun hast du etwas, worüber du nachdenken kannst!»

Ich war schlichtweg entrüstet. «Ich würde mich doch nicht auf einen solchen Tanz mit Sin Corazón einlassen!»

«Na, na, das werden wir ja sehen, oder?» Jaguarfrau lächelte. «Es gibt hier eine Menge zu lernen. Denkt daran, daß der Süden in diesem ganzen Dilemma mit Sin Corazón eine große Gefahr bedeutet.»

«Manchmal ist man dem Tode nahe, wie Ginevee zu sagen pflegte», warf Agnes ein. «Sie meinte damit, daß man zuweilen nicht alle Seiten seiner selbst in Betracht zieht. Es ist sehr wichtig, sich alle Ängste und Gefühlsregungen genau anzusehen. Häufig führen sie einen an dunkle Orte. Dunkelheit bestimmt das Licht» – Agnes deutete auf den Himmel vor dem Fenster – «genauso wie dieser wunderbare schwarze Horizont durch das Licht des Mondes bestimmt wird.»

Da wir wissen wollten, was Sin Corazón zugestoßen war, blickten wir Jaguarfrau erwartungsvoll an. Sie dachte lange nach, während sie mit den Fingern über einen kleinen Fetisch aus Stein fuhr, den sie in Händen hielt.

«Ich habe viele Jahre mit Sin Corazón zusammengearbeitet. Sie interessierte sich brennend für die dunkle Seite der Magie. Mir kam das sehr ungelegen, denn es gehört einfach nicht zu meinem Gebiet. Deshalb habe ich sie zu einem alten Mann geschickt – einem Magier im Dschungel nicht weit von hier, den ich schon sehr lange kenne. Ja, es stimmt, ich habe sie mitten in jene Welt geworfen. Für sie bedeutete es: Friß oder stirb.»

«Vergeßt nicht», unterbrach Ruby, «daß wir leben, um Erleuchtung zu erlangen. Es geht nicht um Glück oder Unglück. Es geht darum, daß wir lernen. Das ist es, was sie erfahren mußte.»

«Ich verstehe», sagte ich und dachte dabei an meine Vision des alten Zauberers, die ich in Kanada hatte.

Ruby schlug die himmelblauen Augen zur Zimmerdecke

auf, als wollte sie ihrer Erleichterung Ausdruck verleihen, daß ich wenigstens das kapierte. Wir lachten.

«Erinnere dich daran», fuhr Jaguarfrau fort, «daß Sin Corazón damals Hausfrau war, verheiratet mit einem Mann, den sie für ihren wahren Geistmann hielt. Er war es nicht, aber wir konnten ihr sagen, was wir wollten, sie hörte einfach nicht zu. Als Sin Corazón frohen Mutes zu dem alten Magier zog, um mit ihm zu arbeiten, fand ihr Mann leider den Weg ins Bett einer anderen Frau und verschwand mit ihr. Das alles haben wir erst viel später erfahren, zu einem Zeitpunkt, als Sin Corazón in ihrer Ausbildung an einem Scheideweg angelangt war. Ein Unwissender, der die Scheidewege des Magiers und unsere Welt der Macht nicht kannte, erzählte ihr, was geschehen war. Das war ein Grund, warum sie vom Wege abkam. Hinzu kamen Ereignisse in ihrer Vergangenheit – Mißbrauch und sehr schmerzhafte Kindheitserlebnisse. Sin Corazón versank in einem Kummer, den ich in dieser Intensität noch nie bei jemandem erlebt habe. Irgend etwas im Zusammenhang mit ihrem Mann hatte ihr offenbar die Selbstachtung geraubt, sonst hätte sie von dem alten Mann nicht vereinnahmt werden können.

Bedenke, Schwarze Wölfin, daß man zwei Menschen nicht miteinander vergleichen kann, geschweige denn den Kummer eines Menschen mit dem eines anderen. Was sie tief in die Hölle hinabstieß, hätte dich vielleicht nur in den Grundfesten erschüttert. Du hättest dich erholt; sie konnte es nicht. Und mit dem Gefühl der Rache, des Neids und der Eifersucht lief sie geradewegs in die Welt der Schwarzmagie. Weil uns dies lange Zeit nicht bekannt war, weil wir nicht wußten, was geschehen war, und nicht achtgaben, weil ich mit anderen Schülerinnen beschäftigt war, ließ ich sie alle Lehren durchmachen. Sie mußte sich von mir lossagen, um das zu tun, was sie tun mußte. Wir umkreisten einander und trennten uns wieder. Es fand keine Auseinandersetzung statt, aber es war mit Sicherheit ein Bruch der Bindung, die all die Jahre zwischen uns existiert hatte. Weil ihr das Leben gleichgültig geworden war, wurde sie zu einer großen Gefahr. Eine Folge davon war das Ritual, an dem ihr heute abend teilgenommen habt.»

Wir dachten lange über alles nach, was Jaguarfrau uns erzählt hatte. Schließlich brach ich das Schweigen.

«Jaguarfrau, ich fühle mit dir. Es ist sehr schmerzlich, eine Schülerin auf diese Art und Weise zu verlieren, das weiß ich. Was mich verwirrt, ist die Frage, wie eine Frau, die so mächtig ist, die so viele Fähigkeiten besitzt und so lange mir dir gearbeitet hat, sich dem Bösen zuwendet. Sie kennt den Unterschied zwischen Falsch und Richtig, ganz abgesehen von moralischen Maßstäben. Sie kennt die Energieflüsse, die zur Quelle der Macht führen. Wie war es möglich, daß ihr Mann – ihr Geistmann, wohlgemerkt – sie dermaßen aus der Bahn werfen konnte? Wie konnte sie so weit vom Wege abkommen?»

Jaguarfrau betrachtete mich mit einem leichten Lächeln auf den Lippen. «Ja, das alles ist schmerzhaft, Kleine Wölfin. Auch für mich ist es unfaßbar. Ich bin traurig, nicht um mich, sondern weil ich den Schmerz sehe, auf den Sin Corazón zutreibt, und ich kann ihn ihr nicht aus dem Wege räumen. Vielleicht ist ihre Bestimmung in diesem Leben einfach, in die Tiefen des Bösen hinabzusteigen. Vielleicht hat sie sich diesen Ehemann deshalb ausgesucht, vielleicht war es eine Übereinkunft. So ist es oft. Es steht uns nicht an, zu urteilen, zu wissen oder auch nur den Versuch zu unternehmen, das alles zu verstehen. Wir können nur die Verantwortung für unsere eigene Beziehung zur Macht übernehmen.»

Mit diesen Worten erhob sich Jaguarfrau. Es war deutlich, daß unser Gespräch für diesen Abend beendet war.

Wir waren alle sehr müde. Jaguarfrau führte uns durch einen Gang in eine andere Hütte, wo unsere Hängematten schon aufgehängt waren. Agnes, Ruby und ich legten uns dankbar schlafen.

6

Machtraub

Am darauffolgenden Abend saßen wir wieder mit Jaguarfrau zusammen und sprachen über Sin Corazón.

«Jaguarfrau, wir haben sehr viel über Dunkelheit geredet», sagte Agnes. «Das Verbannungsritual hat mich bis in den Kern meiner Seele erschüttert.»

«Auch mich macht die Geschichte sehr traurig», sagte Jaguarfrau.

«Verzeih mir meine Unwissenheit, Jaguarfrau», begann ich, «aber was hat Sin Corazón denn nun eigentlich angestellt? Du hast gesagt, sie hat Böses getan, aber worin bestand es? Ich habe nie Genaueres erfahren, eben nur, daß Sin Corazón von Dunkelheit durchdrungen sei.»

Jaguarfrau stand vom Tisch auf, atmete tief ein und trat ans Fenster, um das Mondlicht zu betrachten, das auf den breiten Blättern des Baumes draußen vor dem Hintereingang schimmerte. Nachdem sie ein paar Minuten gedankenverloren dort gestanden hatte, drehte sie sich schließlich zu uns um.

«Es ist schwer zu erklären, daß ein Mensch wie sie täglich nur an sich selbst denkt und darüber nachsinnt, wie sie anderen Menschen Kraft rauben und sich zu eigen machen kann. So zum Beispiel häuften sich Berichte, wie sie Männer benutzte. Sie hat ihnen die Kraft geraubt.»

«Was heißt das, ihnen die Kraft rauben?» fragte ich.

«Wie ich schon sagte, bedeutet der Name Sin Corazón übersetzt ‹Ohne Herz› oder ‹Frau ohne Herz›. Selbst ihr Name beinhaltet also das Böse. Sie hat von Männern buchstäblich nicht mehr als eine leere Hülse übriggelassen.»

«Aber wie kann das passieren?» fragte ich. «Können sie sich nicht wehren?»

«Nun, ja und nein. Sie besitzt die Fähigkeit, die Schwäche eines Menschen herauszufinden. Wenn sich ein Mann in sie verliebte, was wegen ihrer Schönheit sehr häufig vorkam, sog sie ihm im Liebesakt die ganze Kraft aus und ließ ihn halb wahnsinnig zurück. Oder sie fand eine andere Schwachstelle heraus; brauchte ein Mann zum Beispiel ein geordnetes Leben, war also so ordnungsliebend, daß es eine Schwäche war, machte sie sich das zunutze und trieb den Betroffenen in die Krankheit. Mit anderen Worten, Sin Corazón sorgte dafür, daß sich eine bloße Verletzlichkeit zu einer krankhaften Schwäche entwickelte.

Sie wurde unberechenbar. Damit stürzte sie den Mann in ein emotionales Chaos. Sie hielt keine Verabredungen mehr ein, wurde launisch oder trieb ihr Opfer auf andere Art in den Wahnsinn.

Außerdem hatte sie die Fähigkeit, in seine Traumwelt einzudringen. Die Traumwächter ließ sie außer acht. Natürlich habt ihr recht, wenn ihr einwendet, daß dies nur jemandem gelingt, dem Eintritt gewährt wird. Das stimmt. Aber wenn man liebt, läßt man fast alles durchgehen. So passierte es eben. Sie benutzte die Schwächen von Männern und Frauen, um sie zu beherrschen. Sie flößte Vertrauen ein, um dann zu betrügen. Sie raubte Macht.»

«Kannst du uns noch mehr erzählen, damit wir sie besser verstehen können?»

«Eine ihrer Lieblingsbeschäftigungen war», erwiderte Jaguarfrau, «sich mit einer Frau anzufreunden, herauszufinden, wer ihre besten Freundinnen waren, und über kurz oder lang zerstritten sich diese Frauen, und die Freundschaft war endgültig zerbrochen. Sie ging auf sehr unterschiedliche Weise vor, hauptsächlich machte sie sich auch in diesem Fall die Schwächen der Frauen zunutze. Sie suchte das weiche Herz der Furcht und vergrößerte es über alle Maßen. So eine Frau ist sie. Sie würde Familienmitglieder gegeneinander aufwiegeln: Töchter gegen Mütter, Mütter gegen Töchter, Väter gegen Söhne.»

«Aber was war der Grund für ihr verletzendes, zerstörerisches Verhalten?» fragte ich.

«Ihre ersten Beziehungen. Ich wollte eigentlich nicht darüber sprechen, aber sie wurde als Kleinkind auf den Stufen eines Waisenhauses ausgesetzt. Dann wurde sie adoptiert. Ihr Stiefvater hat sie geschlagen und mißbraucht. Als sie heiratete, paarte sie sich wie eine Wölfin – fürs Leben. Als ihr Mann sie verließ, wandte sie sich gegen die Schwesternschaft, obwohl sie uns allen sehr zugetan war. Ihre Liebe war fragil und verkehrte sich in Haß. Ein Mensch, der so fühlt, kann großen Schaden anrichten.»

«Ich sage es nicht gern, aber ich kenne viele Frauen und Männer, die sich ähnlich verhalten», sagte ich.

«Ja.» Jaguarfrau trat zu mir und schaute mir in die Augen. «Und ich wette mit dir, daß diese Frauen und Männer aus Gier und Neid in ihrer Umgebung Chaos und Schmerz verbreiten, habe ich recht? Das Chaos hängt wie Rauch im Wind, stimmt's?»

«Ja, das stimmt.»

«Das ist schlimm genug, aber Sin Corazón atmet diesen Rauch ein und bläst ihn in Energiekavernen, wo sie ihn aufhebt, bis sie ihn für ihre Zwecke anwenden kann. Das ist der Unterschied. Der alte Zauberer hat sie gut ausgebildet, und jetzt besitzt er ihren Willen.»

«Ihren Willen?»

«Ja, er hat sie als eine Art Energiesklavin bei sich aufgenommen. Wer bei einer von uns Schülerin oder Heilerin wird, strebt Erleuchtung an. Er hingegen wandelt auf den Pfaden der Finsternis, und er hat ihren Willen dem seinen unterworfen und gefügig gemacht. In der Finsternis sind sie Zwillingsgeister.

Aber ich glaube, sie versucht, sich von ihm zu lösen, und weiß nicht, wie sie es anstellen soll.»

Jaguarfrau dachte eine Weile nach. «Ich glaube, nur Liebe kann sie jetzt noch heilen, aber sie muß sich verlieben, damit das Licht einen Zugang zu ihrer Seele findet.»

«Na, die Chancen dafür stehen denkbar schlecht», knurrte Ruby. Sie stieß ihren Stuhl zur Seite und ging zu ihrer Hängematte. «Das ist alles zuviel für eine alte blinde Indianerin.»

Wir lachten erleichtert, denn wir waren froh, daß wir das Thema wechseln und uns zur Ruhe begeben konnten. Es war wieder ein langer Tag gewesen.

7

Der Schamanenstein

Sin Corazón tastete sich durch die Hütte ihrer ehemaligen Lehrerin. Es dämmerte bereits. Sie wußte, daß ihr nicht viel Zeit blieb, bis Jaguarfrau zurückkehren würde. Das schreckliche Verbannungsritual lag einige Tage zurück, doch sie war noch immer wütend.

Vor vielen Jahren hatte Jaguarfrau ihr das Versteck für den Schamanenstein gezeigt. Jetzt griff Sin Corazón nach den rituellen Decken, die in mehreren Lagen vor einer winzigen Tür in der hinteren Ecke des Raumes hingen. Warum fühlten sich ihre Finger ausgerechnet in diesem Augenblick so steif und ungelenk an? Hinter dieser Tür verbarg Jaguarfrau ihren Altar und ihre Medizinbeutel. Sin Corazón war diese Art nervlicher Belastung nicht gewohnt. In der Regel fürchtete sie sich vor nichts, aber das, was sie zu tun im Begriff war, jagte ihr Schrecken ein. Deshalb ruhte sie nicht in sich, und sie wußte es. Sie richtete sich kurz auf, atmete mehrmals tief ein und legte eine Hand auf den Solarplexus. Sie versuchte, ihre Fassung zurückzugewinnen. Ob sie fortgehen und ein andermal wiederkommen sollte? Aber wenn sie erst den Schamanenstein in Händen hielt, dann hätte sie alles.

Der Stein war nicht am gewohnten Platz, und Sin Corazón begann, die Hütte zu durchsuchen. Wütend schaute sie in alle Ritzen, in die hinterste Ecke eines jeden Schrankes. Sie riß den Stapel Bettbezüge für den Winter auseinander. Schließlich wurde ihr inmitten des Wirbels aus Verlangen und fieberhafter Suche klar, daß Jaguarfrau mit ihrem Auftauchen gerechnet hatte. Zornig zischte sie durch die Zähne. Sie hob beide Hände und versuchte, sich an ihren Kraftort zu versetzen, so daß sie den Stein erfühlen konnte.

Plötzlich spürte sie die Nähe ihrer Lehrerin. Sie wußte, daß sie auf der Stelle die Flucht ergreifen mußte. In einem Anfall spontaner, fehlgeleiteter Reue langte sie in ihren Medizinbeutel, der um ihren Hals hing, und holte eine Granatkugel mit Facettenschliff heraus, die Jaguarfrau ihr vor langer Zeit als Kraftobjekt geschenkt hatte. Ihre Lehrerin sollte wissen, daß sie hier war. Sie sollte wissen, daß ihre Schülerin sie herausforderte. Aber als sie die Granatkugel mitten auf den Tisch legen wollte, durchlief sie ein kurzes Zittern, Magen und Herz verkrampften sich für einen Augenblick. Obwohl sie vor Schmerz und unbarmherziger Selbstsucht fast wahnsinnig war, erkannte Sin Corazón blitzartig, daß sie mit dieser Geste um Hilfe bat. Eigenartig, aber nur so konnte sie Jaguarfrau zu erreichen versuchen; nur so konnte sie der Tiefe ihres vergifteten Wesens eine Stimme verleihen, um gehört zu werden.

Sie legte die Granatkugel sanft, geräuschlos und mit äußerster Sorgfalt ab. Selbst ein Funken Liebe war dabei. Dann huschte sie wie die wirbelnde schwarze Rauchwolke, die über einem verlöschenden Feuer aufsteigt, durch die Tür und verschwand in der Dunkelheit.

8

Das Tor zum Traum

Vor der Morgendämmerung erhielten Agnes und ich die Botschaft, daß wir uns in dem Dorf, in dem Jaguarfrau lebte, mit ihr treffen sollten. Agnes und ich befanden uns in einem Dorf in der Nähe von Uxmal, wo wir Zoila und José besuchten. Meist erreichte uns eine Botschaft über unsere Traumwelt; wir wurden uns einer Energie bewußt, die uns anzog. Dann fanden wir uns irgendwo zu einer bestimmten Zeit ein, und der- oder diejenige, die wir treffen wollten, war da. Diesmal war es anders, und wieder war es dringend.

Jaguarfrau lebte in einer verschlafenen Kleinstadt in der Nähe von Palenque auf der Halbinsel Yucatán im Süden Mexikos. Den Einwohnern des Ortes war bekannt, daß eine mächtige Frau unter ihnen lebte, aber Jaguarfrau war für sie auch eine *curandera,* eine Kräuterkundige, die die unheimliche Angewohnheit hatte, hin und wieder für längere Zeit zu verschwinden und unerwartet wieder aufzutauchen. Sie hatte eine Familie, aber ihr Mann war vor langer Zeit im Alter von über vierzig Jahren in die Welt der Geister eingegangen.

Jaguarfrau öffnete die blaue Tür. Sie hatte das weiße Haar zu einem Knoten im Nacken zusammengebunden und trug, wie so oft, ein weißes Baumwollkleid, das mit Blumenmustern in leuchtendbunten Farben bestickt war, so wie es in den Dörfern auf Yucatán üblich war. An den Ohren baumelten große silberne Ohrringe. Wenn sie lächelte, bildeten sich in den Augenwinkeln

Fältchen. Sie war eine schöne Frau. Ich hatte immer Ehrfurcht vor ihr, ähnlich wie vor Ruby, weil ich nie wußte, was Jaguarfrau im nächsten Augenblick tun würde. Ihr Haus hatte Steinfußböden, und die Wände bestanden aus Flechtwerk und Lehm. Aus den Fenstern hatte man einen Blick auf den Garten und das Maisfeld hinter dem Haus. Der Dschungel rings um ihr kleines Anwesen war zurückgeschnitten worden. Der Duft nach Erde und die feuchtwarme, sonnige Luft verbreiteten ein wohliges Gefühl.

Im Schatten hüstelte und kicherte jemand. Ich wirbelte herum. Hinter mir stand Ruby. Wenn sie bei Jaguarfrau war, dann dürfte etwas Großes bevorstehen. Wahrscheinlich würde ich wieder einmal im Mittelpunkt einer Lektion stehen. Ich atmete tief ein und reichte Jaguarfrau den Kürbis, den ich für sie bemalt hatte. Sie legte einen Arm um meine Schultern und geleitete mich über die Türschwelle.

Im Innern des aus zwei Räumen bestehenden Hauses mußten sich meine Augen erst an das Dämmerlicht gewöhnen. An der Rückseite öffneten sich Türen auf eine überdachte Veranda. Rechts lag der Schlafraum. Da die Tür offenstand, sah ich, daß Hängematten zwischen den Wänden hingen. Obwohl Jaguarfrau und Ruby sich um ein Lächeln bemühten, lag so etwas wie Besorgnis und Spannung in der Luft.

Jaguarfrau holte uns ein grünes Getränk und stellte die Gläser auf den runden Holztisch im Wohnraum. Eine angenehme Brise fuhr unter die Ecken des weißen Baumwolltischtuches und ließ sie flattern. Wir setzten uns und blickten Jaguarfrau erwartungsvoll an. Schweigend entnahm sie ihrem Medizinbeutel einen geschliffenen Stein, der etwa zwei Zentimeter im Durchmesser maß. Sie legte ihn in die Mitte des Tisches.

Es war ein dunkelroter Stein. Ruby nahm ihn an sich und ließ ihn auf der Handfläche hin und her rollen. Dann reichte sie ihn an Agnes weiter, die ihn kurz in der linken Hand hielt, ehe sie ihn mir gab. Er sah aus wie ein Granat mit Facettenschliff. Ruby und Agnes konnten damit offenbar ebensowenig anfangen wie ich. Wir schauten Jaguarfrau fragend an und warteten auf eine Erklärung.

«Es ist in der Tat ein Granat», sagte sie. «Er wird seit Jahren in Ritualen verwendet. Ihr habt sicher gespürt, welche Macht von ihm ausgeht. Aber nichts strahlt so viel Macht aus und wurde so lange in unserem Kreis verwendet wie der Schamanenstein, der Sternrubin, der sich im Zentrum unseres Kraftkreises befindet.»

Wir nickten zustimmend.

«Der Grund, warum ich euch zurückgerufen habe... Wie ihr wißt, ist das alles hier höchst ungewöhnlich, und ich weiß es zu schätzen, daß ihr mir mit eurer Willenskraft beisteht. Der Schamanenstein ist ja, wie ihr wißt, unser kostbarster, heiligster Gegenstand. Vor ein paar Nächten hat Sin Corazón versucht, ihn zu stehlen.»

Wir waren sprachlos. Für den Bruchteil einer Sekunde huschte Zorn über das Gesicht von Jaguarfrau. Die Spannung, die in der Luft lag, war körperlich spürbar.

«Was ist geschehen?» fragte ich schließlich.

«Ich war spätabends noch bei einem Ritual im Weltaltar unten am alten Sonnentempel in der Nähe der Ruinen von Palenque. Ich kam früh zurück, weil ich meine Tochter sehen wollte. Als ich nach Hause kam, spürte ich massive Zwietracht und auseinanderstiebende Energie und wußte sogleich, daß etwas nicht in Ordnung war. Ihr wißt, wie gut der Schamanenstein versteckt ist. Sin Corazón weiß es auch. Ich habe es eigentlich nicht für möglich gehalten, daß sie je versuchen könnte, ihn zu stehlen, hielt es aber für angebracht, ihn an eine andere Stelle zu legen. Sin Corazón hat das ganze Haus durchsucht, weil der Stein nicht am gewohnten Platz lag. Ich habe von ihr geträumt und dabei zu meiner großen Überraschung festgestellt, daß es eigentlich nicht der Schamanenstein selbst war, den sie haben wollte, sondern sie wußte, daß der Stein ihr verraten würde, wo sich die verborgene Höhle mit den sieben Tonkrügen befindet. Sie kennt das heilige Symbol auf dem Boden des Tempels in

Palenque. Sie kennt die geheimen Türen zu jener Kammer, in der die Sternenräder verborgen sind. Mit Hilfe des Schamanensteins kann sie diese Gewölbe betreten und den Ort finden, an dem die sieben Tonkrüge aufbewahrt werden. Darauf will sie hinaus, und ihr Vorhaben ist äußerst gefährlich. Obwohl ich euch um Rat frage, bin ich davon überzeugt, daß wir dringend versuchen sollten, Sin Corazón zu heilen, weil ich in meinem tiefsten Innern das Gefühl habe, daß sie uns durch ihr aggressives Vorgehen einen Hilferuf zukommen läßt.»

«Sie soll ihre Hilfe haben», sagte Ruby, und Zorn flammte in ihren Augen auf. «Ich werde sie ins nächste Universum befördern. Dann ist sie so weit entfernt, daß sie nie wieder zurückfindet.» Sie lachte, um ihre Bemerkung abzuschwächen. Aber ich war mir nicht sicher, ob sie es nicht doch ernst gemeint hatte.

Agnes schüttelte den Kopf. «Vielleicht hast du recht, Jaguarfrau. Aber ich wäre sehr, sehr vorsichtig, denn ich frage mich inzwischen ernsthaft, ob sie nicht bereits zu weit gegangen ist.»

«Es ist nie zu spät», sagte Jaguarfrau.

«Woher wußtest du überhaupt, daß es Sin Corazón war?» fragte ich.

Jaguarfrau hielt uns die Kugel hin. «Ich habe ihr vor vielen Jahren diese Kugel für ihren Medizinbeutel geschenkt, als Teil ihres Rüstzeugs für die Heilung. Sie hat sie auf meinen Tisch gelegt. Ich sollte wissen, daß sie da war.»

«Warum hat sie das wohl getan? Und wie kann eine Frau, die mit dir, Jaguarfrau, zusammengearbeitet hat, jemals annehmen, du würdest sie nicht vernichten, nachdem sie sich einer derartigen Blasphemie schuldig gemacht hat?»

«In diesem Leben, Kleine Wölfin, ist alles Teil der Lehre des Geistes. Wenn du im Leben auf das Böse triffst, willst du, daß es so schnell wie möglich vorübergeht und durch das Licht, durch etwas Besseres ersetzt wird. Aber häufig weißt du angesichts des Bösen nicht, wie du dich seiner entledigen sollst. Du weißt nicht, wie du es heilen sollst, deshalb versuchst du, ihm aus dem Weg zu gehen, dich seinem Einfluß zu entziehen und dich etwas Besserem, Bequemerem und Friedlicherem zuzuwenden. Doch selbst das kann eine große Aufgabe sein, wenn man bedenkt, welcher Kampf in einem Menschen wie Sin Corazón tobt und welche Macht der alte Zauberer über sie hat. Obwohl sie alles beiseite geschoben hat, was sie über das Gute weiß, ruft sie um Hilfe. Aber mit ihrem Verhalten bringt sie die gesamte Schwesternschaft in Gefahr. Deshalb habe ich beschlossen, zum Angriff überzugehen, um sie zu heilen.»

«Und wie soll das deiner Meinung nach geschehen?» fragte Agnes.

«In heilloser Wut kann man nicht heilen. Wenn ich Menschen mit Transparenten durch die Straßen ziehen sehe, die lauthals und aggressiv Verbesserungen fordern, dann weiß ich, daß ihr Kampf endlos und nutzlos sein wird, weil manche Krankheiten nur durch Liebe geheilt werden können.»

«Willst du damit sagen, Jaguarfrau, daß du dich Sin Corazón liebevoll zuwenden willst?»

Ruby lächelte und pochte mit den Knöcheln auf den Tisch. Offenbar drang sie in die Gedankenwelt von Jaguarfrau ein, wohin ich ihr nicht zu folgen vermochte. Es war, als schritten die drei Frauen durch das Tor des Sonnenlichts, das zum Fenster hereinströmte. Ein Lichtbogen wurde von dem Granat auf dem Tisch reflektiert, den Jaguarfrau mit Bedacht dort abgelegt hatte. Ich spürte, daß die Energie der drei Frauen sich auf mich übertrug, um mich durch das Tor in die Traumwelt zu führen, wo höherer Rat und erhabenere Aspekte und Teile unseres Selbst zu finden sind, wo es Wissen und Weisheit im Überfluß gibt.

Ich fühlte, daß sie mich in ihre Mitte nahmen, und mein Bewußtsein glitt in meine Traumgestalt. Mit Vorbedacht und Willenskraft wählte ich einen Traum aus der vergangenen Nacht, eine Art Déjà-vu dessen, was in diesem Augenblick geschah. Ich folgte den Pfaden, die der Traum für mich vorgesehen hatte, und begab mich mit meinen Schwestern in das Kraftfeld des heiligen Traums. Dabei nahm ich eine Verschiebung der Realität ringsum wahr, gleich der Umkehrung eines Schwarzweißfotos in sein Negativ. Die Bewegungen verlangsamten sich, und mich überkam ein Gefühl der Schwere. Ich ließ meinen Körper hinter mir, und mein Geist schwebte gemeinsam mit meinen Lehrerinnen ins Licht.

Wir setzten unsere Unterhaltung fort. Jaguarfrau bat mich, die Stellung im Süden beizubehalten, den Ort des Vertrauens und der Unschuld, der kindlichen Gefühle. Sie bat Ruby, den Osten zu besetzen, die Rolle der alten Hüterin der Weisheit, die Kojotin unter uns. Sie selbst übernahm den Westen, den heiligen Traum, Wiedergeburt und Umwandlung allen Lebens. Agnès saß am Ort des Geistes, der Kraft und des Gebetes im Norden. «Liebe ist hier, in der Mitte des Tisches», sagte Jaguarfrau. Ihre Stimme schien von weit her zu kommen.

Ich hatte das Gefühl, als könnte ich durch das Tor wieder zurück in die Alltagsrealität fallen, doch ich klammerte mich mit aller Willenskraft an den Traum, als ginge es um Leben und Tod. So wie in diesem Augenblick hatte ich mich noch nie mit meinen Schwestern beraten.

«Julio», vernahm ich von Ruby aus dem Osten. «Julio vielleicht.» Ihr Gedanke landete wie ein Lichtball vor uns.

«Ah», sagte Jaguarfrau, «ja, Julio. So stark. So hübsch und so mächtig, was Liebe und Heilung betrifft. Und er hat noch nie jemand Ebenbürtiges gekannt. Er hat Frauen immer benutzt und verletzt, indem er sie sitzenließ. In der Tat eine interessante Idee!»

Für mich war Julio stets ein rätselhafter Bote der Macht gewesen. Er tauchte wie aus dem Nichts auf, hatte Außergewöhnliches zu berichten und verschwand plötzlich wieder ohne ein Wort. Er sah gut aus, war groß und schlank und wirkte auf Frauen sehr verführerisch.

Als ich vor Jahren einmal aus Agnes' Schwitzhütte trat, packten mich zwei starke Hände und unterdrückten meinen überraschten Ausruf. Es war Julio, der mich auf die Rückseite des Schuppens trug. Vor Agnes' Hütte stand eine große Braunbärin mit ihrem Jungen.

Bären können sehr gefährlich sein, wenn sie glauben, man wolle ihrem Nachwuchs etwas antun. Ich sah zu, wie Julio sich der Bärin näherte. Leise und zärtlich sprach er in einem Dialekt der Maya auf sie ein und sagte ihr, es sei hier gefährlich für sie und sie solle lieber fortgehen. Die Bärin stellte sich auf die Hinterpfoten und sah Julio an, brummte und schlug mit den Tatzen, um sich zu verteidigen. Er wich nicht von der Stelle und sprach weiter furchtlos auf sie ein. Langsam ließ sie sich auf alle viere nieder und trottete mit ihrem Jungen in den Wald. Später erfuhr ich, daß Julio große Macht über Tiere hat und der Bär zu seiner Medizin gehört.

Wir alle hatten Julio kommen und gehen sehen. Er nahm andere Namen an, aber ich wußte stets, daß es Julio war, ein Mitglied von Zoilas Familie. Sin Corazón war mit einem Vetter von Zoila verheiratet gewesen und sie war etwa gleich alt wie Julio.

«Aber er wird niemals heiraten oder sich fest an eine Frau binden», sagte ich. «Es ist nicht seine Art.»

«Ja», warf Agnes ein, «aber in persönlichen Beziehungen gibt es viele Möglichkeiten, aufeinander einzugehen. Sie könnten sich lieben und einander auf diese Weise heilen.»

«Beschäftigt er sich auch mit Schwarzmagie?» fragte ich überrascht.

«Nein», sagte Jaguarfrau. «Seine Art der Heilung hat mit Vertrauen zu tun und kommt von Herzen.»

«Deshalb wäre es ideal, wenn sie aneinander Gefallen fänden», sagte Agnes. Sie streckte mit geschlossenen Augen die linke Hand aus, als wollte sie etwas festhalten, und begann, an der Luft wie an einer festen Substanz zu ziehen. Dann nahm sie die Rechte hinzu, so daß es aussah, als zöge sie an einer Leine. Aus ihrem Innern drang strahlende Helligkeit, als wäre ihr Körper mit winzigen Kristallen gefüllt.

«Agnes», sagte ich, «dein Licht ist außergewöhnlich hell. Was machst du da?» Ich wollte es wissen, denn ich wollte es ihr gleichtun, um ihr zu helfen.

«Ich hole das Licht der Liebe in meinen Blutkreislauf; damit heile ich das, was du als das Immunsystem meines Körpers bezeichnen würdest. Darin liegt das Geheimnis unserer Langlebigkeit, denn unser Immunsystem kann besser gegen Krankheiten ankämpfen, wenn wir die Pfade der Lichtenergie und der Kraft in unserem Körper erhellen. Das Geheimnis kannten viele alte Gesellschaften und Zivilisationen lange vor unserer Zeit. Es ist eines der großen Geheimnisse, auf die du in den sieben Tonkrügen stoßen wirst. Auch du kannst dir meinen Zustand zu eigen machen. Er stärkt das Kräftegleichgewicht in jeder einzelnen Körperzelle, so daß nur Wahrhaftigkeit in mir leben kann. Es wird Zeit, daß dir die sieben Tonkrüge offenbar werden, Kleine Wölfin. Und es wird Zeit, unsere gefallene Schwester zu heilen, und mit Julio haben wir eine gute Wahl getroffen. Wenn überhaupt jemand ihr dunkles Spiegelbild in sich aufnehmen und es in Licht umwandeln kann, dann ist er es. Aber sie muß sich aus freien Stücken zu ihm bekennen. Auch er muß sie wählen. Nur so kann es gelingen. So lautet das Gesetz.»

Ehrfurcht erfüllte mich angesichts der Helligkeit, die sich im Raum ausbreitete. Zuvor war es sehr heiß gewesen. Jetzt war es ausgesprochen kühl, und außer dem knisternden Licht um Agnes war nichts zu hören. Wir schwiegen ehrfürchtig.

«Dann soll es so sein», verkündete Jaguarfrau. Bei diesen Worten umfing sie uns erneut mit einem Kraftfeld. Ich spürte einen Sog, der mich wie ein Wasserstrudel packte und durch das Tor des Lichts in den Raum der normalen Realität zurückbrachte.

Wir saßen noch lange schweigend am Tisch, um unser Bewußtsein und unseren Körper wieder der Umgebung anzupassen, von der wir ausgegangen waren. Mir war ganz leicht im Kopf, und ich hatte großen Hunger.

Nach einiger Zeit stand Jaguarfrau auf und holte eine Papaya, ein paar Tortillas und Käse. Mit kräftigen Schnitten öffnete sie die Frucht und reichte uns ein paar Scheiben Käse. Schweigend und in Gedanken versunken nahmen wir gemeinsam die Mahlzeit zu uns. Wir schwelgten in einem Zustand der Glückseligkeit.

Agnes, Ruby und ich fuhren ein paar Tage später wieder in den Norden. Während der Reise sprachen wir von unseren Erfahrungen auf Yucatán. Agnes eröffnete mir, daß wir in nächster Zeit zur heiligen Höhle reisen würden, der Heimstatt der sieben Tonkrüge. Voller Erwartung und Neugier sah ich den kommenden Ereignissen entgegen.

9

Die sieben Tonkrüge

Ringsum herrschte absolute Stille, als Agnes und ich die hohen Felswände des Vorgebirges erklommen. Es war, als würden wir uns dem Zentrum eines mächtigen Energiestrudels nähern. Bahnen aus rotem Eisenoxid durchzogen die glatte Oberfläche des Sandsteins, als ob die Steilhänge jahrhundertelang geweint hätten. Als der Pfad breiter wurde, bog Agnes um eine Ecke und war plötzlich verschwunden. Rasch folgte ich ihr und stellte fest, daß sie um einen großen Findling herumgegangen war.

Auf diesem Fels gab es eine flache Stelle, auf die sie eine Hand legte. Sie blickte zur Sonne auf; es war gegen drei Uhr.

«Paßt genau», murmelte sie. Sie legte beide Hände auf den Findling und bat mich um Hilfe. «Schieb mal mit», befahl sie mir.

«Schieben?» fragte ich ungläubig. Ich war überzeugt, daß es uns niemals gelingen würde, diese Felsmasse von der Stelle zu rücken.

«Nun schieb schon», wiederholte sie.

Als wir uns gemeinsam dagegen stemmten, merkte ich, daß der Fels auf der Unterseite offenbar behauen war. Man konnte ihn trotz seiner Größe und seines Gewichts sehr leicht verschieben. Er geriet kurz ins Wanken, richtet sich aber rasch wieder auf. Die Felswand vor uns hatte sich geöffnet und einen verborgenen Durchgang freigegeben.

Agnes nahm mich an die Hand und stellte mich auf eine flache, schieferähnliche Platte, in die ein etwa fünf Zentimeter hoher Rand geschliffen worden war. Sie forderte mich auf, meine Zehen gegen den Rand zu stellen. Meine Verwunderung kannte keine Grenzen, denn ich hatte geglaubt, wir seien hier hinaufgestiegen, um den Blick über die weiten Ebenen zu genießen.

«Stell deine Füße da hin», ordnete Agnes an. «Und paß auf», fuhr sie mich an.

Ich stellte meine Zehen an den Rand. Ich hatte den Eindruck, daß dies ein sehr wichtiger Augenblick war, obwohl ich nicht verstand, was eigentlich vor sich ging. Wieder schaute Agnes zur Sonne.

Zuerst umkreiste sie mich. Dann kniete sie zu meiner Rechten auf der Erde nieder, als wollte sie etwas ausmessen. Dann untersuchte sie meinen schwankenden Schatten.

«Bleib ruhig stehen», befahl sie unfreundlich.

An der Stelle, an der mein Schatten aufhörte, malte sie zunächst ein Zeichen in Form einer Uhr auf die Erde. Anschließend ergänzte sie die Zeichnung um sieben Zeichen, wobei sich ein Zeiger der Uhr durch das Zentrum meines Schattens bewegte und direkt auf das erste der sieben Zeichen zeigte.

«Ja», sagte Agnes, «genau so, wie es sein sollte.» Sie trat zu mir und umarmte mich rasch.

«Was ist los, Agnes?»

«Ich lese deinen Schatten», antwortete sie.

«Ist das der Ort, an dem die sieben Tonkrüge sind?» Mein Herz klopfte laut vor Aufregung.

«Du kannst die Höhle nur zu einer bestimmten Zeit betreten. Wenn ich deinen Schatten lese, erfahre ich, welcher Krug dir zugänglich gemacht wird.«

«Aber wenn man nur zu einer bestimmten Zeit kommt, ist es doch immer derselbe Krug.»

«Nein», sagte sie. «Es gibt noch andere Faktoren, die ich dir ein andermal erläutern werde und die mit der Anordnung der sieben Zeichen zu tun haben. Fürs erste reicht es, wenn du weißt, daß du den ersten Krug sehen wirst.»

«Heißt das, die Krüge befinden sich tatsächlich in dieser Höhle?» fragte ich ungläubig.

«Ja, schon seit Jahrhunderten. Wenn eine Schülerin aus unserem Kreis einen bestimmten Entwicklungsgrad erreicht hat, werden ihr die Krüge offenbart. Und soviel ich weiß, hat noch nie eine Schülerin den ersten Krug zu sehen bekommen. Deshalb bin ich ziemlich gespannt.»

«Ich auch», sagte ich. Ich war so nervös, daß meine Gedanken sich überschlugen und ich kaum ein Wort herausbrachte.

Agnes nahm etwas Wasser aus der Feldflasche in den Mund und verspritzte es, um den Geist dieses Ortes zu ehren. Sie rieb uns beide mit Wacholder ein und brachte der Hüterin der Höhle ein Geschenk dar.

Ich hatte nichts mitgenommen, deshalb zog ich mir ein paar Haare aus und legte sie vor die Höhle. Ich betete zur Hüterin der Höhle, sie möge für mich eintreten und mich beachten, sie möge uns beschützen und die Höhle bewachen, wenn wir uns darin aufhielten, um uns Sicherheit und Verschwiegenheit zu gewährleisten.

Im Innern der Höhle herrschte rabenschwarze Finsternis. Ich blieb dicht hinter Agnes. Der Boden unter meinen Füßen war unglaublich glatt, beinahe glitschig. Allmählich gewöhnten sich meine Augen an die Dunkelheit. Als ich meine Sichtfähigkeit im Dunkeln einsetzte, nahm ich dunkelroten Lichtschein wahr. Während des Sehtrainings, während des Auslotens der Kräfte, hatte ich jedoch immer rotes Licht gesehen. Daher war ich mir nicht sicher, ob tatsächlich ein roter Schein in der Höhle existierte.

Der Pfad, dem wir folgten, wand sich spiralförmig ins Erdinnere. Schließlich traten wir in eine große Höhle, hoch und rund gleich einem indianischen Zeremonienraum. Aus einem Spalt hoch oben im Gewölbe fiel Licht in die Höhle. Agnes zündete ihre Laterne an.

Plötzlich schimmerte die Höhle im flackernden Licht.

Mein Blick fiel auf die Tonkrüge, die auf einem breiten Vorsprung oder *nicho* in halber Höhe der Wand in einer Reihe standen. Man hatte sie weit nach hinten gerückt, wahrscheinlich um sie zu schützen. Die Höhle war offensichtlich ein ritueller Raum. Langsam und vorsichtig schritt ich an den gelben, rötlichbraunen und blauen Linien entlang, ängstlich darauf bedacht, sie nicht zu beschädigen. Offenbar handelte es sich bei den Zeichnungen um eine astrologische Milchstraßenkarte.

Agnes setzte sich auf den Mauervorsprung und ließ mir Zeit, die Höhle in Augenschein zu nehmen. Lange sagte sie nichts. Ich betrachtete eine Anordnung von sieben Sternen auf der Karte, auf der ich stand. Ich wandte mich an Agnes.

«Das ist das Siebengestirn, die Plejaden, nicht wahr?» fragte ich.

«Ja, es sieht so aus.»

«Was hat das alles zu bedeuten, Agnes? Was hat es mit den Tonkrügen auf sich?» fragte ich.

«Nun, das mußt du selbst herausfinden», antwortete sie.

«Soll das heißen, ich darf einen Blick in die Tonkrüge werfen? Und du sagst, sie enthalten Schriften?»

«Ja», sagte Agnes. «Soweit mir bekannt ist, haben bisher nur die Frauen der Schwesternschaft die Lehren in diesen Krügen lesen dürfen. Meine Lehrerinnen haben mir beigebracht, daß sie die Schlüssel zur aktuellen Ebene der Realität besitzen – zum menschlichen Leben, so wie wir es kennen. Aber die Schriften in den Krügen offenbaren auch die Beziehungen der Völker dieser Welt untereinander, das Verhältnis zwischen Körperlichkeit und Geist, die Grundlage für alles, was wir als den universellen Schamanismus bezeichnen, und dein Verhältnis zu deinem Kosmos.

Als du in die Höhle gingst, ist dir bestimmt aufgefallen, daß ich deinen Schatten beobachtet habe.» Agnes stand auf. «Dein Schatten hat etwas Bestimmtes ausgesagt, deshalb möchte ich, daß du dich dort hinstellst, an die Stelle der heiligen Null, den

Ort der Macht für die Nullhäuptlinge der Maya. Ihre alten Lehren sind noch immer Bestandteil unserer heutigen Lehren, Teil der heiligen Berechnung des Lebens, des Universums, von allem, was lebt. Wer am Ort der heiligen Null steht, öffnet sich neuem Wissen und steht an einem neuen Anfang seiner Reise zur Weisheit.»

Agnes trat an den Mauervorsprung und legte ganz vorsichtig beide Hände an den ersten Tonkrug. Die einfachen Petroglyphen auf dem Krug schienen mir Darstellungen von Riten und Tieren, Hirschen, Bären und Elchen zu sein. Der Krug war groß, doch Agnes konnte ihn mit den Armen umfassen. Sie nahm ihn vom Sims herunter und stellte ihn auf das Symbol der heiligen Null, die alles Sein und die Heiligkeit des Nichts darstellt. Der Krug paßte auf den Punkt, als wäre er dafür geschaffen. Dessen war ich mir sogar sicher.

Agnes und ich setzten uns, so daß der Krug zwischen uns stand. Wir legten die Hände auf die Vase. Ich hatte das Gefühl, daß der Krug eine weibliche Ausstrahlung hatte, die Bereitschaft zu gebären und sein Wissen mit uns zu teilen. Die Vase bestand aus glattem, gebranntem Ton und war eines der schönsten Gefäße, die ich je gesehen hatte, makellos, ohne Sprünge oder abgestoßene Stellen. Was würden Museen geben, um diese Vase zu besitzen! dachte ich.

Staunend betrachtete ich die ungewöhnlichen Zeichnungen.

«Agnes, die Zeichnungen sehen eigentlich nicht so aus, als wären sie indianischen Ursprungs.»

Die Form der Vase war typisch indianisch. Die eigentümlichen Zeichnungen hingegen erinnerten mich eher an griechische oder etruskische Vasen.

«Könnte dies ein Wikingerschiff sein, Agnes? Sieh mal.»

Sie betrachtete es verwundert.

«Ich sehe darin ein Flachboot mit Schilden und einem Segel», sagte ich.

«Ja», erwiderte sie, «sieht so aus, nicht wahr?»

Die Vase war so wunderschön bemalt, daß wir die Zeichnungen bestimmt eine Stunde lang bestaunten. Sie hatte aber auch einen Deckel, der auf einer kleinen Auskragung an der Innenseite saß. Agnes entfernte ihn. Im Innern steckte eine lange Schriftrolle entweder aus starkem Papier oder gepreßtem Leder; ich vermochte es nicht genau festzustellen. Was mir am meisten Sorgen bereitete, war, daß sie sich in Staub auflösen könnte. Aber offensichtlich hatten die Menschen, die diese Schriften angefertigt hatten, sich vor langer Zeit bereits Gedanken darüber gemacht und gewußt, wie man etwas herstellt, das anscheinend unzerstörbar ist.

Wenn man die Schriftrolle entrollte, war sie etwa einen Meter lang und über und über mit Zeichnungen und Inschriften bedeckt. Der Text war eine Art archaisches Englisch und bestand aus Wörtern, die ich aufgrund ihrer alten Schreibweise fast nicht entziffern konnte.

Zwischen den Sätzen waren Symbole eingefügt, die wie Sanskrit anmuteten.

«Agnes, wieso ist es in Englisch geschrieben und nicht in einer Sprache der Urvölker?»

«Weil die Sprache der Urvölker eigentlich nie niedergeschrieben wurde», sagte Agnes. «Vor dreihundert Jahren gab es eine Frau in der Schwesternschaft, die wir die ‹Frau der Wörter› nannten – sie war ähnlich wie du, nur, daß sie die Magie der Worte benutzte. Die Worte selbst verwandelten sich für sie in Lebewesen aus Fleisch und Blut. Aber die Worte sprachen auch zu ihr, wie ich jetzt zu dir.

Sie sprachen über ihre Bedeutung und ihre Tiefgründigkeit und ihre Macht. Mit dem Niederschreiben wurden sie lebendig. Sie war eine Übersetzerin, eine der größten, die je in unserem Kreis gelebt haben. Die echten Schriftrollen sind uralt.»

Sie entnahm der Vase eine weitere Schriftrolle und öffnete sie.

«Das hier ist die ursprüngliche Rolle», sagte sie.

Ich betrachtete sie ausgiebig. «Ich könnte schwören, es ist

Sanskrit», sagte ich. «Was hat es hier an diesem Ort zu suchen?» Ich war verblüfft und wünschte mir, ich wäre Linguistin, die von diesen Dingen mehr verstand.

«Das spielt keine Rolle», erwiderte Agnes. «Was du wissen mußt, wird dir offenbart werden. Also, vor ungefähr dreihundert Jahren kam diese Frau in die Höhlen und übersetzte die Schriftrollen. Sie machte ihre Sache ausgezeichnet. Sie verstand genau, was diese Texte uns vermitteln sollten. Was du hier vor dir siehst, ist ihre Übersetzung.

Du, meine Tochter, sollst das nur für dich, für niemandes Augen sonst, abschreiben. Es gibt gewisse Dinge, die du weitergeben kannst, über die du mit deinen Leuten reden kannst. Ich werde dir sagen, was es ist, aber vorläufig schreibst du das erst einmal ab, denn wir werden es für unsere Arbeit benötigen.»

«Was hat Sin Corazón damit zu tun?»

«Heute abend werden wir über sie reden», sagte Agnes und schaute zur Öffnung in der Höhlenkuppel empor. Das Licht, das von außen hereindrang, wurde schwächer. «Wir müssen jetzt gehen.»

«Gehen? Was soll das heißen? Ich dachte, wir wollen anfangen zu schreiben.»

«So lautet das Gesetz, Kleine Wölfin. Wir dürfen hier nicht übernachten, deshalb müssen wir jetzt gehen. Aber wir werden bald wiederkommen, wenn du den Schlüssel findest. Es liegt an dir.»

«Was meinst du mit dem ‹Schlüssel›? Ich dachte –»

«Falsch gedacht. Eines müssen wir noch von dir erfahren. Wenn es soweit ist, wirst du es wissen. Jetzt müssen wir gehen.»

Wir hielten ein kurzes Ritual ab. Im Handumdrehen standen wir wieder vor der Höhle und verwischten unsere Spuren mit dem Zweig eines Heuschreckenbaums.

10

Das geflochtene Haar: Jaguarfrau erzählt

Ein Jahr war seit unserem letzten Treffen vergangen. Agnes, Ruby und ich waren zur Sonnenwendfeier im Kreise der Schwesternschaft nach Yucatán zurückgekehrt. Natürlich hofften wir, bei dieser Gelegenheit Neues von Sin Corazón und Julio zu erfahren.

Nach ein paar Tagen, die wir mit Ritualen verbrachten, versammelte Jaguarfrau uns in ihrem Haus, um uns etwas Wichtiges mitzuteilen.

Wir machten es uns bequem: Agnes setzte sich auf den Boden und lehnte sich an die Wand aus Adobeziegeln, Ruby nahm in einem hölzernen Schaukelstuhl Platz und ich auf einem blau lackierten Stuhl, der in der Regel Jaguarfrau vorbehalten war. Jaguarfrau selbst, die ihre Haarflechten zu einem Knoten auf dem Kopf zusammengesteckt hatte, begann, im Zimmer ihre Runden zu drehen.

«Ich erzähle euch jetzt eine lange Geschichte», sagte sie schließlich.

«Für dich Lynn, die du eine neue Art des Erzählens kennenlernen sollst, werde ich diese Geschichte so erzählen, als wäre sie anderen Menschen zugestoßen. Ich komme in der Geschichte vor, aber ich werde meinen Eigendünkel zurückstellen und von mir in der dritten Person reden. Verstehst du, was ich meine?»

«Ja», antwortete ich.

«Es ist die Geschichte von Sin Corazón und Julio, die Liebesgeschichte eines Zauberers. Sie wird wahrscheinlich für jede von euch eine andere Bedeutung haben.»

Mit lebhaften Gesten verlieh Jaguarfrau ihren Worten besonderes Gewicht. Sie schilderte das Drama, das Sin Corazón und Julio durchlebt hatten, so realistisch und mitfühlend, daß unser Geist von Farben, Geräuschen und Bildern durchdrungen wurde. Sie war offensichtlich bestrebt, uns alle Feinheiten der Geschichte nahezubringen, sie unter allen denkbaren Blickwinkeln zu beleuchten, weil wir an dem Verbannungsritual teilgenommen hatten und dem geweihten Kreis angehörten. Jede Frau der Schwesternschaft nahm Anteil am Leben der anderen. Es gehörte zu unserer Initiation, zur Weisheit und zum Wissen, das wir als Mitglieder der Schwesternschaft der Schilde erwarben, daß wir einer anderen Frau nach Belieben folgen konnten, ganz gleich wohin ihre Pfade auch führten. Es war wichtig, daß wir die Farbe, die Beschaffenheit und den Duft des Lebens, das wir führten, gemeinsam erlebten.

Mit jedem Strang ihrer Erzählung vermochte Jaguarfrau, die Meisterin im Zöpfeflechten, die Landschaft der Emotionen und Erfahrungen tiefer in mein Herz einzuprägen. Es war, als erzählte sie die Geschichte Agnes, Ruby und mir unabhängig voneinander, da wir sie jeweils auf eigene Art auslegten und uns wunderten, wie die Liebe ein Leben in Schmerz oder Freude verwandeln kann.

I

Lange, krumme Schatten fielen auf Sin Corazóns Pfad durch den Dschungel. Ihr war heiß, obwohl die Haut in der schwülen, feuchten Hitze des Abends eiskalt war. Sie rannte immerzu, ohne ein Ziel zu erreichen. Dunkelheit senkte sich über sie.

Erfüllt von Gram über ihren verlorenen Ehemann warf sie sich auf die feuchte Erde. Sie spürte die heiße Luft schwer auf dem Rücken. Die Orchideen und süß duftenden Gewächse hatten sich in fremdartiges Unkraut verwandelt, das ihre Sinne nicht mehr mit Freude erfüllte. Als saugte ein Vampir ihr den letzten Blutstropfen aus den Adern, entwich ihr Geist und trug ihre stummen Schreie mit sich; ihre lautlose Stimme wurde zu einer sich windenden Schlange in unsichtbarem Nebel tief unter ihr. Sengender Schmerz legte sich auf sie wie ein Leichentuch. Sie war nur noch Nahrung für das riesige, saugende Maul, das haßerfüllt ihre Innereien verschlang. Sie fror und fühlte sich besudelt. Für sie gab es keine Liebe – hatte es nie gegeben. Nie wieder würde sie der zärtlichen Süße einer Umarmung Glauben schenken. Ihr war zumute, als hätte sich ihr Wesenskern aufgelöst. Es gab keine Tränen mehr, kein Verstehen, kein Verlangen nach dem Guten oder dem Licht, allein die Finsternis, die sich anfühlte wie neues Fleisch, während ihr Körper mit jedem bebenden Atemzug umgestaltet wurde und eine Wiedergeburt in Häßlichkeit erfuhr. Einzig in ihrem Herzen existierte noch ein Verlangen, ein unermeßlicher Abgrund der Leere, die nie wieder gefüllt würde.

II

Es war dunkel in der Hütte, als Jaguarfrau auf leisen Sohlen durch die Tür trat und sich hinkauerte, um nicht bemerkt zu werden. Sie beobachtete Sin Corazón, wie sie auf der Suche nach dem Schamanenstein zornig die heiligen Gegenstände durchstöberte.

Zum Glück hatte Jaguarfrau den Stein erneut an einen anderen Platz gelegt. Sie langte in ein Versteck an der Wand und zog den Beutel mit dem Schamanenstein hervor. Sie nahm den Stein in die Hand und führte ihn an Stirn und Herz. Dann erhob sie sich und stellte sich ins Mondlicht, das hell durch das Fenster drang.

Sin Corazón hielt in ihrer wilden Suche plötzlich inne und

wußte sogleich, daß es töricht von ihr gewesen war, noch einmal hierherzukommen. Wie ein Derwisch wirbelte sie herum und sah ihre Lehrerin, die sie schon lange verloren hatte. Jaguarfrau sagte nichts. Sie hielt den Schamanenstein ins Mondlicht. An den Adobewänden tanzten leuchtende Farben, die lavendelfarben und silbern in Sin Corazóns Augen aufblitzten. Jaguarfrau packte Sin Corazón an den Haaren und zog sie mit eisernem Griff zu sich. Obwohl Sin Corazón kräftig war, wußte sie, daß sie gegen ihre Lehrerin nicht ankam. Sie stand da mit schmerzverzerrtem Gesicht und verdrehtem Kopf. Jaguarfrau zwang sie, den Schamanenstein anzusehen, den sie ins Licht hielt.

«Schau in den Schamanenstein, Sin Corazón, und erkenne die Wahrheit, die Macht oder was immer du suchst.»

Zunächst hielt Sin Corazón die Augen geschlossen. Jaguarfrau zerrte sie an den Haaren, bis die Kopfhaut blutete. Sin Corazón schlug die Augen auf und starrte in den Stein, in den Energiestrudel seiner Facetten. Ergriffen von dem Anblick, der sich ihr bot, stöhnte sie auf. Ihr Körper entspannte sich. Jaguarfrau ließ sie nicht los, lehnte sich jedoch leicht an ihre Schülerin, um sie zu stützen.

«Schau ins Licht», forderte Jaguarfrau sie erneut auf. «Und denk daran, wer du bist, Verlorene, die du dich so weit von deinem Zuhause entfernt hast. Es wird Zeit. Ich weiß, warum du hergekommen bist, dunkle Schwester, darum bin ich dir auf halbem Weg entgegengekommen. Schau in das Licht und werde gesund.»

Lange blickte Sin Corazón mit weit aufgerissenen Augen unverwandt in den schimmernden Lichtstrahl. Jaguarfrau spürte den Wandel, der sich in Sin Corazóns Körper vollzog. Jaguarfrau kannte die Energiebahnen im menschlichen Körper und sie bearbeitete Sin Corazóns Wirbelsäule gezielt mit ihren Fingern. Plötzlich versteifte sich die junge Frau und wirbelte herum. Entsetzen lag in ihren Augen. Dann ergriff sie die Flucht, lief hinaus in die Dunkelheit und verschwand in der Nacht.

Jaguarfrau wußte, daß ihre Aufgabe erfüllt war. Wieder einmal hatte der Schamanenstein seine Magie der Macht und des Lichts zur Geltung gebracht. Sin Corazóns Kraftfeld hatte sich verschoben, und vielleicht war es nur eine Frage der Zeit, bis sie den alten Zauberer verlassen würde. Sein Einfluß auf sie war geschwächt worden, und die dunkle Energie konnte an ihren angestammten Platz in der Welt des alten Magiers im Dschungel zurückschnellen.

Sin Corazón brauchte jedoch Zeit, um sich dem neuen Energiefluß in ihrem Körper anzupassen. Ganz allmählich würde sie wieder die Schönheit der Welt sehen. Jaguarfrau legte den Schamanenstein in den Beutel zurück und versteckte ihn. Dann nahm sie die Granatkugel, die Sin Corazón liegengelassen hatte, und präparierte sie. Julio sollte damit geködert werden, er sollte die Kugel anstelle des Schamanensteins mit auf eine Reise nehmen und für ein bestimmtes Ritual abliefern. Sie würde dafür sorgen, daß Sin Corazón von dem Transport des angeblichen Schamanensteins erfuhr. Allmählich würde ihre Schülerin das Licht in sich spüren, und die Begegnung mit Julio würde eine Regung in ihren neuen Herzensöffnungen verursachen. Sie wußte, daß dies zunächst für beide schmerzhaft sein würde. Ähnlich wie lange verschlossene Türen, würden ihre Herzen sich gegen eine Bewegung der verrosteten Scharniere sperren. Sie würden dagegen angehen und wahrscheinlich auch gegeneinander kämpfen, aber am Ende würden sich ihre Herzen öffnen, und Energie würde zu fließen beginnen. Jaguarfrau hoffte, daß daraus Liebe entstehen würde.

Sie saß auf ihrem blauen Holzstuhl am Tisch und ließ die Granatkugel lange auf der Handfläche hin und her rollen. Sie wollte sichergehen, daß sie den Lauf der emotionalen Geschichte dieser beiden Menschen nicht durch ihre Manipulation beeinflußte. Das wäre falsch. Sin Corazón und Julio sollten einander von sich aus finden. Sie wollte ihnen lediglich die Gelegenheit dazu verschaffen. Ihr Anliegen war es, die beiden zu heilen. So überragend Julio auch sein mochte, Jaguarfrau wußte, daß auch er Fehler hatte, die einer Korrektur und Unterrichtung bedurften. Sie hoffte, er wäre stark genug, aber sich darum zu kümmern, war Josés Aufgabe. Er war Julios Lehrer, und er hatte ihr seine Hilfe zugesagt. Sie dachte an Sin Corazón und ihr ständiges Hin und Her zwischen Tod und Leben, und sie wußte, daß dies ihre letzte Hoffnung war.

Jaguarfrau ließ den Granat in den Medizinbeutel rollen und legte ihn für Julio, den sie am nächsten Morgen erwartete, zurecht. Er sollte erst nach San Cristóbal gehen, ehe er sich in den Süden aufmachte.

III

In der Nachmittagssonne schillerte die Bougainvillea in kräftigem Rosa. Julio lehnte sich auf dem Verandastuhl zurück und schlürfte eine eisgekühlte Cola. Nach seiner langen Reise in der Hitze war er dankbar für den Schatten und genoß das Eis auf der Zunge. Zu seiner Linken, auf der Veranda des kleinen mexikanischen Cafés, in dem er sich ausruhte, nahm er eine Regung wahr. Es war etwas Wallendes, einem schwarzen, im Wind wehenden Chiffonschal ähnlich. Neugierig versuchte Julio seine müden Augen darauf zu konzentrieren. Im bogenförmigen Eingang stand eine Frau mit schwarzen, hüftlangen Haaren. Sie trug ein langes, rot und gelb gemustertes Seidenkleid, in das kleine Spiegel eingenäht waren. Unwillkürlich preßte Julio einen kleinen Lederbeutel – ein wertvolles Päckchen, das er abzuliefern hatte – gegen seinen Solarplexus.

Dunkel erschienen die Umrisse der jungen Frau vor dem hellen Sonnenlicht, und ihre langen, schlanken Beine zeichneten sich verführerisch unter dem wehenden Rock ab. Julio aber war fasziniert von der strahlenden Schönheit ihres Gesichts. Ihre dunklen Augen kreuzten seinen Blick, da sie sich unter der überhängenden Bougainvillea niederließ. Sie schaute hinaus auf die Berge von San Cristóbal, so daß er sie von der Seite betrachten konnte.

Irgend etwas an der Form seines Halses fesselte Sin Corazón, die dunkle Hautfarbe in Kontrast zum weißen Baumwollhemd oder die kraftvolle Halsmuskulatur, die sie an den glatten Stamm ihres heiligen Baumes erinnerte. Sie beobachtete Julio aus den Augenwinkeln, um ihr Interesse nicht offen zu bekunden. Er saß entspannt auf seinem Stuhl – ein Mann, der sich seiner Körperkraft offensichtlich bewußt war. Seine Bewegungen waren beherrscht und entschlossen, weit davon entfernt, einstudiert oder gehemmt zu wirken.

Plötzlich perlte Julios Lachen durch die feuchte Hitze des Nachmittags. Sie wandte sich ihm zu und schaute ihm sekundenlang in die Augen. Ein rotbraunes Kätzchen, das er mit ein paar Brocken von seinem Teller gefüttert hatte, war auf seinen Tisch gesprungen. Sin Corazón wandte den Blick wieder ab. Energie strömte durch ihre Beine in den Bauch. Die Katze sprang auf den Boden und strich mit der Flanke und dem Rücken an seiner Wade entlang.

Julio seufzte tief und schüttelte den Kopf, um einen klaren Gedanken zu fassen. Was für ein Ausdruck lag in ihren Augen? dachte er. Sie war schön, aber ihre Augen waren so dunkel. War das Leidenschaft, die er für den Bruchteil einer Sekunde gesehen hatte? Er wollte sie nicht anstarren, aber Julio war außer sich vor Bewunderung für diese fremde junge Frau. Sein Herz schlug, als hätten sie bereits miteinander gesprochen, als hätten sie sich bereits berührt. Julio gab sich die größte Mühe, sich zu entspannen und zu beruhigen. Er war ein erfahrener *curandero* und folgte einer langen Tradition mächtiger Heiler auf Yucatán. Noch nie hatte er plötzlich aufwallende Leidenschaft erlebt, die sein Urteilsvermögen und seine Empfindungen zu überwältigen drohte.

Erst nachdem er über sich den schrillen Schrei eines Vogels vernommen hatte, achtete er auf die Warnungen, die seine Geisthüter ihm zukommen ließen. Er hörte auf sie, erwachte aus seinem tranceähnlichen Zustand und betrachtete die Situation von der Warte eines Außenstehenden. Der Lärm der Menschen auf der Straße trat in den Hintergrund. Unheimliche, feuchte Hitze breitete sich aus und versuchte, sanft und verführerisch in seinen Geist einzudringen, aber er gab ihr nicht nach. Wer ist diese Frau? fragte er sich. Sie ist schön. Das Blut pulsierte in seinen Ohren.

Plötzlich wurde ihm bewußt, daß er seinen alten Cowboystrohhut mit den Goldspecht- und Papageienfedern, die in einem Hutband aus schwarzem Leder steckten, noch nicht abgesetzt hatte. Fast unmerklich nickte er ihr zu, nahm langsam den Hut ab und legte ihn sacht mit der Unterseite nach oben auf den Holzstuhl neben ihm. Auf der Veranda war es still. Nichts regte sich, nicht einmal die leuchtendrosa Blüten der Bougainvillea-Ranken. Wärme und Feuchtigkeit umfingen sie wie die Stille vor dem Sturm. Ihm war eigenartig zumute, und er kämpfte gegen ein Gefühl der Besessenheit an. Gegen seinen Willen blitzten seine auffallend blauen Augen auf – es war ihm einfach nicht möglich, sein Entzücken zu verbergen. Die junge Frau warf das schwarze Haar zurück und lächelte, fuhr mit der Zunge über den Rand ihres Teeglases und tat so, als spürte sie die knisternde Spannung nicht.

Träge wandte sie sich ihm zu. Obwohl sie noch recht jung war, drang ihr dunkler Blick mit ungewöhnlicher Macht und Intensität in seine Seele ein. Julio wußte sogleich, daß sie weder harmloses Verlangen noch Leidenschaft ausdrückte. Es war der Blick einer Zauberin, die ihn mit den Augen des Todes ansah.

Julio nahm seinen Hut, trat auf die Frau zu und verbeugte sich. «Julio Hernandez», sagte er, ohne zu lächeln.

«Sin Corazón», antwortete sie schlicht.

«Hast du Lust auf einen Spaziergang? Es ist so warm hier.» Ohne ein weiteres Wort zu wechseln, traten sie auf die Plaza hinaus.

Sin Corazón belauerte Julio wie der Jaguar seine Beute. Julio erwiderte ihren Raubtierblick. Es ärgerte ihn, daß er sie nicht ebenso zu umgarnen vermochte wie andere Frauen. Er konnte sie nicht erreichen. Er wußte nicht, ob er sich lieber auf sie stürzen und einen Kampf auf Leben und Tod mit ihr austragen oder ob er im Mondlicht mit ihr über die Felder laufen und sich mit ihr an ihrer Kraft, ihrem Können und ihrer Stärke erfreuen sollte.

Sin Corazón hatte sich noch nie auf einen solchen Tanz eingelassen. Ihre übliche Verführungstaktik griff nicht. Sie versuchte, in sein Kraftfeld einzudringen, wurde jedoch durch eine unsichtbare Kraft daran gehindert, was sie ärgerte. Auch sie wußte nur zu gut, daß sie einen Lebenstanz oder einen Todesreigen begonnen hatten.

Julio erkannte ihre erschreckenden Fähigkeiten, aber sie jagten ihm keine Angst ein, denn er wußte ihnen zu begegnen. Er genoß das Kräftemessen. Sie schlenderten eine ganze Weile durch das sanfte Licht des Nachmittags und tauschten Blicke der Macht, mit denen sie die Tiefen ihres Gegenübers erkundeten.

Schließlich reichte Julio ihr die offene Hand in der Erwartung, daß Sin Corazón es ihm gleichtat. Endlich streckte auch sie die Hand aus. Es war ein Augenblick, in dem die Zeit stillsteht, in dem ein Magier mitten auf einer Kreuzung innehält. Die Frage ist nur, welche Richtung man einschlagen soll, wenn man genau weiß, daß es keinen Weg zurück geben wird.

Sin Corazón ergriff seine Hand. Es war die stillschweigende, aber weithin vernehmbare Übereinkunft, daß sie einander ebenbürtig waren. Dieses Eingeständnis hallte einem Echo gleich durch die Schluchten der Zeit. Sin Corazón unterwarf sich Julio insoweit, als sie ihm gestattete, sich an ihrem Kraftfeld zu stählen. Was Julio als Aufforderung empfand, bedeutete für sie ein Entgegenkommen. Julio schmerzte die Vorstellung, daß Sin Corazón ihn gewählt hatte und nicht umgekehrt. Es gab jedoch keine andere Wahl. Soweit waren sie sich einig – und an jenem Abend begann ihr Reigen.

Sin Corazón verführte Julio nicht, ja sie versuchte es nicht einmal. Sie verliebten sich auf den ersten Blick, ohne es zu wissen. An jenem Abend sprachen sie miteinander. Als sie merkte, daß er ihre Granatkugel bei sich trug und nicht den Schamanenstein, wußte sie, daß man sie hereingelegt hatte. Aber ihre Erregung war so stark, daß es ihr nichts ausmachte. Sie ahnten es noch nicht, aber sie veränderten sich bereits. Es war ein verzauberter Abend.

Jaguarfrau breitete die Arme aus, als wir unsere Wassergläser hoben, um die rätselhaften Wege der Macht zu ehren.

«Vielleicht geschieht es ja», sagte ich, «daß die dunkle Seele unserer Schwester erleuchtet und ihre Liebe so stark wird, daß sie alle Widersprüche des Herzens umschließt.»

Die anderen lachten. In unseren Augen lag Hoffnung.

Wir lehnten uns bequem zurück, und Jaguarfrau fuhr mit ihrer Erzählung fort.

IV

Ein strahlendes Lächeln erhellte sein braungebranntes Gesicht. Die dichten graubraunen Locken, die ihm fast bis zu den Schultern reichten, hatte er zurückgekämmt. Der Mann war nicht jung, aber niemand wußte, wie alt er tatsächlich war. Wenn er lächelte, straften die abgenutzten Zähne seine jugendliche Erscheinung Lügen. Auf den ersten Blick schienen seine Augen zu funkeln, sah man jedoch genauer hin, waren sie leer und dunkel – beinahe leblos.

Der alte Mann war alles andere als glücklich, denn er verlor seine allerbeste Elevin, die beste Schülerin, die er in der Welt hatte. Dabei brauchte er sie für seine Beschwörungen, wenn er müde war von der Arbeit. Er ärgerte sich über gewisse Frauen in der Welt. Er beneidete sie und spürte tief im Innern einen bitteren Haß, der ihm wie verbrannter Mais, wie der Rauch seines rituellen Feuers auf der Zunge lag.

Als die Sonne hinter dem dichten Laubwerk unterging, hatte er seine Hütte im Dschungel an der Grenze zu Belize verlassen. Er hatte sich diesen besonderen Abend ausgesucht, um zum Fluß hinunterzugehen. Die grünen Blätter glitzerten und feuerten leuchtend orangerote Strahlen ab. Am Ufer suchte er nach ganz bestimmten Wurzeln, grub sie sorgfältig aus und steckte sie in seinen Sisalbeutel. Sein Lächeln war entwaffnend, und wenn er lachte, klang es wie verführerische Musik. Er schmunzelte vor sich hin, während er die Wurzeln ausgrub, denn er wußte, daß eine Verführung zu seinem Abendessen gehören würde. Nichts war ihm lieber, als das Licht in eines anderen Menschen Seele auszulöschen. Das verlieh ihm Macht. Er fühlte sich danach stark und gesund. Dafür lohnte es sich zu leben.

Das Gute hatte ihm nie etwas bedeutet. Tief in seinem Herzen wußte er, daß die Finsternis und das Böse stärker waren als die Menschen. Daran glaubte er. Das war seine Überzeugung, die seit dem Tag seiner Geburt nicht ins Wanken geraten war. Es hatte ihm gefallen, in so vielen Leben eine dunkle Macht gewesen zu sein, und er lebte gern tief im Regenwald, umgeben von moderndem Laub und all den Tieren und dem Schlangengezücht. Sein einziger Wunschtraum bestand darin, noch mehr Macht zu besitzen, um seinen Willen durchzusetzen, nicht nur für sich allein, sondern auch in anderen.

Der Alte saß in der Dämmerung und dachte an das hübsche Gesicht seiner jungen Schülerin Sin Corazón. Er sehnte sich nach ihr. Nicht nach ihrem Körper, sondern weil er eine verwandte Seele vermißte, jemanden, der die Tiefe der Finsternis verstand, in der er lebte. Als sie einander zum ersten Mal begegnet waren, als er gesehen hatte, wie ihre Augen bei seinem Anblick aufleuchteten, hatte er sofort gewußt, daß sie sehr bald schon seiner Welt angehören würde. Er dachte daran, wie er mit ihr im Tempel der Fledermäuse gesessen hatte, im uralten Tempel seiner Vorväter. Sie hatte ihm viele Fragen gestellt. Für gewöhnlich lehnte er es ab, auf Fragen zu antworten, aber bei ihr hatte er beschlossen, ihre Neugier anzustacheln. Sie mußte jedoch lernen, daß er ein Zauberer war, der seine Energie nie ohne Grund verschwendete. Als ihre Fragen präziser wurden, beantwortete er sie mit dem ihm eigenen Tanz der Verführung. Er umgarnte ihr Herz und ihr Bewußtsein mit einem Netz aus Mysterium und Faszination, so daß sie über kurz oder lang begierig sein würde, mehr Wissen – oder das, was sie für Wissen hielt – und persönliche Macht zu erlangen. Natürlich handelte es sich bei den meisten seiner Lehren nicht um persönliche Macht. Er vermittelte ihr Kenntnisse über die Dunkelheit und die Anziehungskraft des Bösen, ohne daß es ihr bewußt war. Sie hatte von der teuflischen Welt, in der er lebte, noch nichts erfahren.

«Wie bist du so ein mächtiger Zauberer geworden?« fragte sie. Sie saß zu seinen Füßen. Ihre wunderschönen Augen beobachteten das Spiel des Lichts auf seinem Gesicht. Sie bewunderte ihn bereits, und er war hocherfreut zu sehen, daß sich seine Macht auf ihrem Gesicht widerspiegelte.

«Ich habe das Licht eigentlich nie gekannt», sagte er. «Ich wurde in die Finsternis hineingeboren, und es gefiel mir, Menschen zu beherrschen. Du nicht?»

Sie antwortete nicht auf seine Frage, die ohnehin keiner Antwort bedurfte.

«Ich war ein depressives Kind», fuhr er fort. «Ich sah mich in meinem Dorf um und wußte, daß ich mich in einem fremden Land befand, das ich nicht verstand. Als Kind sprach ich Quechua, aber die Sprache schien mir fremd. Ich zog mich von den anderen Kindern zurück, denn ich haßte ihre Spiele: Ballspiele, alberne Gespräche. Ich bin anscheinend nie jung gewesen. Meine Seele war immer schon alt. Selbst meine Eltern hüteten sich, mich zu ermahnen oder auch nur den Versuch zu unternehmen, mich zu ändern. Ich glaube, sie hatten Angst vor mir, obwohl sie das nie zugegeben hätten. Als ich heranwuchs, gab es eine Zeit, da das Dorf mich fürchtete, denn sie sahen, daß ich ohne weiteres einen unter ihnen umbringen konnte, und sie wußten, daß ich kein Herz hatte, so wie du, Sin Corazón. Genau wie du.»

«Ja, aber ich liebe die Menschen. Ich liebe die Schönheit in der Welt», sagte Sin Corazón.

Der alte Mann lachte, als er an die Unschuld auf ihren Lippen dachte, die so bald schon verschwunden war. Wieder wandelte sie am Rande des Abgrunds.

«Ich hör dir gern zu», sagte sie, «und ich mag dein Lachen. Du bist wundervoll.»

Sie erwähnte immer wieder, wie besessen sie von dem alten Mann sei. Die Beziehung zu ihm war schwierig. Er behandelte sie nicht gerade zartfühlend. Er war oft verletzend. Aber aus jeder Feuerprobe war sie gestärkt hervorgegangen und hatte sich seiner Lehren noch würdiger erwiesen. So war sie im Laufe der Zeit immer stärker, immer mächtiger geworden. Er hatte sie mit Hilfe einer Art geistiger Folter, einer Art emotionalen Drucks neu gestaltet. Obwohl der Prozeß schrecklich war, machte er süchtig. Er hatte ihr fast unerträgliche Schmerzen zugefügt – aber wie wunderschön war sie jedesmal gewesen, wenn sie sich davon erholte! Und er wartete auf den nächsten Augenblick, in dem sie eine Schwäche zeigte und er sie aufs neue mit seiner Niedertracht und Verführungskunst nehmen konnte. Was für ein gefährliches Spiel hatten sie gespielt! Er hatte gewußt, daß es keinen Sieger geben würde, daß er eines Tages auf irgendeine Weise für den teuflischen Tanz, den sie aufgeführt hatten, bezahlen mußte. Aber es war ihm gleichgültig, denn er wußte, daß es nach ihr andere Schülerinnen geben würde, daß es immer jemanden geben würde, der von Macht besessen war, für den das Ziel die Mittel heiligte, ungeachtet der Qualen.

Er lachte. Dann runzelte er die Stirn, denn Sin Corazón schien in letzter Zeit so unerreichbar. Was war geschehen? Er mußte ein Ritual abhalten. Denn so sehr sie von ihm besessen sein mochte: Auch er war in hohem Maße von ihr abhängig. Er brauchte ihre Lebendigkeit, und mehr noch als diese brauchte er ihr weibliches Wesen, denn er war nie imstande gewesen, sich mit der weiblichen Seite seiner selbst zu verbinden, und darin lag seine große Schwäche. Daher brauchte er Frauen um sich, starke Frauen; er brauchte sie, um im Gleichgewicht zu bleiben.

Sin Corazón hatte ihn oft nach seinen Lehrern gefragt.

«Ich hatte keine Lehrer», hatte er ihr immer wieder gesagt, «aber ich hatte ein Gefühl des Verlustes, und ich sah, welcher Schmerz meinem Volk zugefügt wurde und wie die Zivilisationen ringsum zerstört wurden. Ich lebte in der Asche verlorener Ideale, verlorener Hoffnungen und Träume. Ich habe meinen eigenen Traum gelebt. Ich habe keinen Gott. Ich habe erlebt, wie die armen Bauern ihre letzten Centavos zum Altar eines Gottes trugen, dessen Gesicht ich nie gesehen hatte. Und ich habe diesen Gott gehaßt. Ich habe ihn gehaßt, wie unser Volk es hätte tun sollen.»

Er beobachtete, wie Sin Corazón sich von ihm zurückzog, wenn er über seinen Haß auf die Kirche sprach. Sie hatte die Kirche in ihrem Ort stets als zentrales Feuer erlebt.

«Laß davon ab.» Er las ihre Gedanken. «Laß davon ab, Sin Corazón, es ist unwichtig. Ich werde deinen Glauben nicht herausfordern, weil er mir nichts bedeutet. Rache ist das einzige, was für mich von Bedeutung ist.»

«Rache wofür?» fragte sie.

«Vielleicht die Rache dafür, daß ich geboren wurde. Aber im Unterschied zu anderen Zauberern, die ich in der Welt kennengelernt habe, bin ich sehr stolz und irgendwie froh, daß ich so eine schwarze Seele habe. Ich genieße es, und ich will es mit dir teilen.»

«Aber du mußt doch irgendwoher gekommen sein. Irgend jemand muß dazu beigetragen haben, dich und deine unglaublichen Fähigkeiten zu erschaffen», sagte sie.

«Was mich erschaffen hat, war mein Verlustgefühl. Durch den Verlust habe ich eine viel bessere Welt erschaffen. Eine Welt, die mehr Sicherheit bietet als die, in der diese Bauern auf allen vieren durch den Mittelgang einer Kirche kriechen, die nicht einmal ihre Traditionen kennt. O nein, ich schaffe mir meine eigene Tradition. Ich werde es dir zeigen. Mit der Zeit wirst du mich verstehen.»

Er hatte Sin Corazón damals angesehen und gewußt, daß sie nur kurze Zeit mit ihm verbringen wollte, um etwas über die dunkle Seite zu erfahren. Anschließend wollte sie zu ihrer albernen kleinen Schwesternschaft der Schilde zurückkehren und über ihre Erlebnisse mit dem finsteren Zauberer berichten.

Wie töricht, dachte er. Wie töricht und unwissend von Jaguarfrau, ihm diese wunderbare Kreatur in die Höhle zu werfen. Er würde sie verschlingen, und dann würde er ihr zur Wiedergeburt in der Welt verhelfen, verwandelt in eine dunkle Zauberin, die seine Befehle ausführen würde. Glaubte Jaguarfrau wirklich, er würde sie unberührt lassen? Glaubte sie wirklich, er würde ihre Seele verschonen?

Nachdem der Horizont die Sonne verschlungen hatte, bereitete der alte Mann für sein Ritual eine Kräutermischung zu und legte andere Gegenstände bereit. Es war kein großes Ritual. Niemand war Zeuge, und niemand hätte im Traum daran gedacht, daß er eine Zeremonie abhalten würde, denn dieser alte Mann führte in einer nahe gelegenen Ortschaft ein zweites Leben. Ja, er führte ein Doppelleben, von dem niemand etwas ahnte. Die beiden Leben und die damit verbundene Heimlichtuerei gefielen ihm. Er beobachtete und wußte, was die anderen dachten, wovon sie träumten, welches ihre Schwächen und Ängste waren. Mit einer einzigen Bemerkung vermochte er eine Reaktion auszulösen, die ihm alles sagte. Er war entwaffnend.

In seinem normalen Leben war er beliebt. Für seine Mitmenschen war er ein einfacher Mann, ein Mann mit Prinzipien und Humor. In seinen Augen indes flackerte ein eigenartiges Licht. Die Menschen in seinem Dorf behaupteten, sie sähen darin das Licht der Weisheit; sie waren unfähig zu erkennen, daß sie den Teufel persönlich erblickten. Niemand vermochte sich im Traum vorzustellen, was dieser Mann ihnen zufügen konnte. Kam ihm jemand in die Quere und versuchte ihn auszuhorchen, so sorgte er in aller Stille dafür, daß sich die Lebensumstände dieses Menschen auf drastische Weise verschlechterten. Nie fiel der Verdacht auf ihn.

Sin Corazón würde über kurz oder lang zu ihm zurückkehren. Er wußte, daß sie mit Julio zusammen war und daß sie seiner überdrüssig werden würde. Und wenn nicht, dann würde er sich jemandem zuwenden, der ihr nahestand. Vielleicht würde er mit Julio spielen – ja, dieser Gedanke gefiel ihm. Er würde mit ihr gleichziehen. Sin Corazón würde vor ihm im Staub kriechen.

V

Natürlich hatte Sin Corazón in ihrem Leben schon geliebt, die Erinnerungen daran waren jedoch vollständig ausgelöscht worden. Nacht für Nacht versuchte sie, in das Reich der Dunkelheit und der Macht vorzudringen, und begab sich auf die Suche nach Anreiz und Rache. Heute war es nicht wie sonst. Sie war nicht in der Lage, aus sich herauszuschauen, um sich zerstreuen zu lassen. Sie war so sehr mit ihren Gedanken und Gefühlen beschäftigt, daß sie weder schlafen noch sich auf ihre Absicht konzentrieren konnte.

Hastig zog Sin Corazón ihre Sandalen an, einen langen Rock, eine weiße Baumwollbluse und stürzte aus der Adobehütte. Die Gefühle drohten ihre Brust zu sprengen. Sie folgte dem dunklen Pfad, der sie zu dem mit Seerosen bedeckten Fischteich am Marktplatz führte.

Still setzte sie sich auf den Steinsitz am Wasser. Ein im Schatten stehender Beobachter hätte ihre phantastische Körperbeherrschung und die kaum merklichen Bewegungen der Arme und Beine bewundert. Silbern spiegelte sich der Vollmond auf der ruhigen Wasseroberfläche wider. In seinem Licht schien das Bild der Bougainvillea und der Kiefern ringsum weich und verschwommen. Obwohl Sin Corazón sich vor Verlangen verzehrte, versuchte sie ihre Mitte zu finden. Sie fragte sich, was mit ihr los war. Wurde sie schwach und verlor an Macht? Sie fürchtete sich vor nichts und niemandem, jetzt aber lief eine Welle nie gekannter Hitze durch ihren Körper und strahlte in die dunkle Nacht, die sie wie ein Schoß umfing. Plötzlich bohrte sich von fern die Stimme einer mächtigen Frau in ihr Gedächtnis, und sie vernahm die Worte, die Jaguarfrau ihr vor langer Zeit mit auf den Weg gegeben hatte:

«Schwäche an sich ist nichts Schlimmes, meine Tochter. Es kommt darauf an, wie man sie empfindet. Schwäche ist eine gute Lehrmeisterin. Gerade deine schwachen Seiten haben dich beflügelt.»

Sin Corazón dachte an die anschließende Diskussion. Sie hatte ihrer Lehrerin vorgeworfen, den Gedanken an Schwäche überhaupt zuzulassen. Sie selbst hielt Schwäche stets für einen Mangel an Beherrschung und hatte das Gefühl, in tausend Stükke zerbrechen zu müssen, wenn sie nicht achtgab. Genauso fühlte sie sich in diesem Augenblick. War es möglich, daß Liebe sich an sie heranschlich? Sie war überwältigt von dem bloßen Gedanken an Julio und den Duft seiner Haut, von dem Gefühl seiner Nähe. Im Schlaf finde ich keine Ruhe, dachte sie, mir ist, als würde mir das Dach auf den Kopf fallen. Alles schien sich verändert zu haben.

Sin Corazón beugte sich vor, um einen Blick auf den ruhigen Wasserspiegel zu werfen. In ihrem Spiegelbild entdeckte sie viele Gesichter – Spiegelbilder der mannigfaltigen Seiten ihres Selbst. Sie war eine mächtige Frau, die alle ihre Lebensbereiche beherrschte – bis auf einen: den Bereich des Herzens. Dort hatte sie ihre Macht verloren, als ihr Mann sie verließ. Nun war sie auf der Suche nach Heilung. Würde sie die Kraft besitzen, sie anzunehmen? Es war wie russisches Roulette für sie – ein Spiel auf Leben und Tod. Würde es einen Sieger geben? Sie konnte es nicht beurteilen. Dieses Spiel zählte mehr als alles andere. Sie wünschte sich die Schärfe des Schmerzes, der Furcht und der höchsten Ekstase. Aber das hier war mehr. Etwas Neues geschah, ein Köder war ausgelegt, mit dem sie nicht umzugehen wußte. Sie könnte angreifen und sich wieder zurückziehen, sie könnte ihre Macht abgeben oder aber innerhalb ihres Machtkreises stehenbleiben und das neue Gefühl erfahren.

Sie beobachtete das Wasser und die mondhellen Wolken, die darüber hinwegzogen, und sehnte sich danach, wieder zur Erde zu gehören. Aber sie war eine Wolke. Oder war sie die Dunkelheit, die durch das Licht bestimmt wurde? Sie suchte im Wasser nach einem Zeichen und schwamm wie ein Fisch tief innerhalb der emotionalen Schutzwälle ihres Unterbewußtseins. Bei einem Lichtfleck würde sich eine Öffnung des Herzens weiten und sich ebenso rasch wieder schließen. Sie würde weiterschwimmen und auf die unterschiedlichsten Köder treffen, die sie jedoch nicht reizten. Sie würde nicht nach einem Trugbild schnappen, nicht nach einem Köder. Allein das Licht, das hin und wieder in langen breiten Strahlen durch die Schattenwelt des Wassers drang, interessierte sie. Plötzlich hatte sie eine Vision: Das Spiegelbild des dunklen Zauberers, der ertrank. Wie vom Donnerschlag gerührt prallte sie vom Teich zurück. Es gab jetzt nur noch ein Spiel für sie – das Spiel von Licht und Macht. Hier ging es indessen nicht um die Macht über andere, ein Spiel, das sie in den vergangenen Jahren mehr als sportlichen Wettkampf empfunden hatte. Dieser Ausflug in die ursprüngliche Weisheit von Licht und Schatten war gefährlicher und dennoch göttlich. Sie wußte, daß es ihr letztes Spiel war. Es würde der Tag der Wahrheit für sie sein. Sie hatte ihre Wahl gut getroffen und ehe es zu spät war.

Ein leichter Windstoß aus dem Norden verfing sich in ihren langen Haarsträhnen, die über ihre Wange strichen. Sie seufzte tief, beugte sich vor und suchte ihr Spiegelbild. Was sie sah, war eine wirbelnde Spirale der Dunkelheit, schiefergrau zunächst, dann schwarz. Sich selbst vermochte sie im Wasserspiegel nicht zu entdecken. Verwundert schaute sie zu, als das Spiegelbild eine ungeheure Helligkeit annahm und dann absolut leer wurde, als wäre sie nicht mehr vorhanden. Entsetzen überkam sie. In einem entfernten Winkel ihrer Seele wußte sie, daß ein Stück ihrer selbst nicht mehr existierte. Es war, als hätte sie ihr Gesicht im Teich verloren. Im ersten Augenblick hatte sie das Bedürfnis, in den morastigen Tiefen des Wassers nach ihrer verlorenen Identität zu suchen, aber sie wagte nicht, sich zu rühren. Sie fühlte sich zerbrechlich, beinahe unwiederbringlich verloren.

Die Sehnsucht nach Julio verbrannte ihren Widerstand und ließ nichts als Asche zurück. Weiches Pulver, so weich wie die Haut seines Gesichts. Sie fuhr mit den Fingern durch das Wasser. Genauso war sie ihm durch das Haar gefahren. Es erinnerte sie an eine aufgewühlte See, in der Gefahr lauerte. Sie horchte auf, die kräftigen Muskeln angespannt. Sin Corazón glaubte zu wissen, daß er da war, daß er ihre Hand durch das Wasser führte und ihren Blick wieder auf den durchsichtigen Spiegel lenkte. Sie spürte seine Gegenwart wie einen kühlen Nebel in der Morgendämmerung, der ihre Sicht einhüllte und durch eine unerklärliche, strahlende Freude ersetzte. In diesem Augenblick war ihr klar, daß sie sich gegenseitig neu gestalteten und daß Julio ihr Spiegelbild in sich aufnahm.

Wie bei einer Mondfinsternis erblickte sie ein dunkles Loch im Himmel und ein dunkles Loch an der Stelle, wo ihr Gesicht gewesen war. Allmählich zeichneten sich die Umrisse eines anderen Gesichts, das sie zunächst nicht erkannte, auf dem Wasser ab. Es war, als durchschreite sie einen Schleier reiner Erkenntnis. Aus Angst vor einem Ungeheuer, das sie zu besitzen trachtete, wollte sie schon fortlaufen. Mit einem Mal traten ihr langsam und unter großen Schmerzen zum ersten Mal seit vielen Jahren Tränen in die Augen. Sie erkannte, was aus ihr geworden war, daß sie selbst das Ungeheuer war.

Das war die magische Verwandlungskraft der Liebe. Durch den Torbogen aus reinem Licht kehrte der Geist zu Sin Corazón zurück. Sie war plötzlich fähig, nachzugeben und das Feuer, das durch die neue Öffnung ihres Herzens brannte, zuzulassen. Sie vermochte der zunehmenden Hitze und dem Licht, das die schreckliche Finsternis ihrer Seele zu füllen begann, nicht länger

Einhalt zu gebieten. Sie vernahm das unheimliche Heulen eines uralten heißen Windes. Laute und Emotionen überschwemmten sie, während sich in ihr eine Wandlung vollzog. Sin Corazón konnte sich nicht mehr losgelöst von Julio oder einem anderen Menschen vorstellen. Das Feuer in ihr war hungrig und verbrannte alles.

Der Sturm endete so plötzlich, wie er begonnen hatte. Wieder spürte sie den Nebel. Der Mond war hinter einer Gewitterwolke verschwunden, und Dunkelheit umgab sie. Sie wußte, daß er da war. Sie spürte ihn auf den Händen und auf dem Gesicht. Sin Corazón wußte nicht, wie weit ihre Reise sie geführt hatte. Aber sie schritt aus ihrem ewigen Gram hinaus geradewegs in Julios Arme. Er war die ganze Strecke mit ihr gegangen. Ihr heimlicher Schmerz hatte sie bis zu diesem Augenblick wie ein Festungsring umgeben. Als sie jetzt nebeneinander im Mondlicht standen, das silbern und golden hinter den Wolken hervorstrahlte, stürzten die Mauern ein. Die beiden Menschen standen dort wie lebende Edelsteine und brachten ihre Liebe wortlos zum Ausdruck. Ihre Geheimnisse, die sie einander mitteilten, steckten irgendwo zwischen den Worten.

Zum ersten Mal seit Tagen schlief sie gut. Aber am nächsten Morgen war Julio verschwunden, ohne etwas zu sagen. Die Dunkelheit war wie eine Droge gewesen, und Sin Corazón brauchte sie.

VI

Sin Corazón lief in geduckter Haltung, den Bauch dicht über dem Herzschlag von Mutter Erde. Die niedrigen Zweige der Bäume strichen an ihrem Rücken entlang. Sie hielt sich verborgen – nicht etwa, weil sie die Einsamkeit suchte, sondern weil sie sich vor dem Weiterleben fürchtete. Mit der Lebendigkeit, die sie empfunden hatte, war sie verletzlich geworden. Sie hatte sich über das erträgliche Maß hinaus geöffnet und rannte nun vor ihrem Schicksal davon, vor der Liebe, dem Haß, dem alten Zauberer, vor allen Gefühlen, die sich in ihr regten. Sie war auf der Flucht, schoß wie ein außer Kontrolle geratener Komet durch die Weiten des Universums in der Erwartung, auf einen Festkörper zu prallen, der sie daran erinnern würde, wer sie war. Die Erde unter ihren Händen fühlte sich heiß an, und sie hoffte, die letzten Reste ihrer Identität würden dadurch verbrannt. Warum kann ich nicht sterben? fragte sie sich. Was bleibt mir denn noch zu tun, zu lernen oder zu begreifen? Wenn sie in der Nachtluft nach einer verbotenen Frucht oder einer dünnen Wirklichkeit zu greifen versuchte, war einfach nichts da. Leere, nichts Göttliches. Nichts als aufkommender Schmerz, der sie besiegte, sie in Stücke riß.

Sie pirschte durch das Unterholz und hoffte einen Pfad zu finden, der sie von Julio wegführte. Sie fand weder Wasser noch Nahrung, noch neue Hoffnung, wenngleich neue Hoffnung das letzte war, was sie eigentlich wollte. In einem Moment der Schwäche bildete sie sich ein, sie wollte nur noch betrogen und dann in den Kreis der Dunkelheit zurückgeführt werden. Dann erst würde der Schmerz nachlassen, und sie würde wieder Leben in sich spüren. Trotzdem wollte sie diesen Kreis nie wieder betreten. Oder doch? Es war also hoffnungslos. Sie war zu schwach, um zu lieben, und zu weise, um erneut nach dem Bösen zu suchen. Warum also sollte sie weiterleben? Die Beziehung zu Julio war das letzte Spiel gewesen, das einzige, das ihr noch blieb. Es hatte sich zu einem Spiel der Macht entwickelt, und sie hatte sich darauf eingelassen, ohne es zu wollen.

Sie setzte sich unter einen Trompetenbaum, von dessen Zweigen winzige lila Blüten auf ihre Schultern herabschwebten. Sie bedeckten den Boden mit Frieden und Ruhe. Kummer und Schmerz hielten Sin Corazón gefangen, und sie verstand die Gabelung auf dem Pfad nicht. Sie hatte sich für ein Spiel der Macht entschieden, in dem es nur Besiegte gab: Vernichtete man den Gegner, blieb die Erinnerung an diesen Schmerz als ewige Qual zurück. Wurde man selbst vernichtet, verlor man seine Seele. Im Spiel der Macht gibt es keine Liebe, nur Macht.

Sin Corazón war Pirschjägerin, Kriegerin, eine Frau der Schatten. Dennoch hatte das Licht ihr Spiegelbild eingefangen und ihr Profil in allen Himmeln, die sie umgaben, erleuchtet. Erneut sollte sie genesen und über das Auf und Ab menschlichen Fühlens und Strebens emporgehoben werden. Wie aber sollte sie gesund werden, wenn in ihrem Innern nur noch eine trostlose Wüstenlandschaft ohne Baum und Strauch und ohne Nahrung existierte? Vielleicht sollte sie sich jetzt unter den Zweigen der Bäume im kahlen Schatten, wo sie so lange gelebt hatte, zusammenrollen und auf den Tod warten. Sie kannte das verborgene Gelände gut, und doch kam es ihr jetzt fremd vor. Es bot keine Unterstützung. Sie war Einsiedlerin in einer Welt, in der man sie vergessen hatte. Und sie hatte sich selbst vergessen. Sie legte sich schlafen in der Hoffnung, nie wieder aufzuwachen. Dann wäre die Qual vorbei, und sie hätte sich auf fruchtbare und gesegnete Weise befreit. Einer Wölfin gleich, die den Kopf auf den Schwanz legt, rollte sie sich ein und seufzte tief mit den Schwingungen der Mutter Erde. Sie begann mit der Langsamkeit des Dahinscheidens zu atmen. Selbst der alte Zauberer konnte sie nun nicht aufspüren.

Als Sin Corazón am Morgen aufwachte, befand sie sich am Ufer eines Flusses. Sie hatte so lange im finsteren Abgrund ihres selbst auferlegten Alptraumes gelebt, daß ein Lichtstrahl, der in die Leere drang, an der ihr Herz einst gesessen hatte, sie zutiefst erschreckte. Bei dem Gedanken an Julio begann sich tief in ihrem Innern etwas zu regen, ein Anflug von schöpferischer Kraft, von Weitung und Strahlung, die sie aus ihrem Leben verbannt hatte, denn sie hielt sie für Schwäche und Verarmung der Seele. Sie stand auf und verspürte einen Augenblick unwillkürlich den Wunsch, die Kraft ihrer Lenden irgendwie zu verschieben, gleich einer Schwangeren, die versucht, die Lage des Kindes in ihrem Bauch zu verändern, da es auf einen Nerv drückt. Sie setzte sich wieder, schüttelte den Kopf und hörte schließlich auf, in sich herumzulaufen. Sie war die ganze Zeit davongelaufen, nicht vor Julio, sondern vor sich selbst. Sie wußte, daß sie ihn die ganze Zeit hätte vernichten können. Warum hatte sie es nicht getan? Sie wußte, daß sie sich des Spiegels, den er für sie darstellte, hätte entledigen können, aber sie hatte beschlossen, den Spiegel am Leben zu lassen.

Plötzlich packte sie einen dicken Ast am Baum neben ihr und brach ihn mit geballter Willenskraft. Sie wollte hineinbeißen, ihn in Stücke reißen. Sie dachte an Julio und wußte, daß etwas geschehen war, das sie immer hatte vermeiden wollen. Vielleicht war jetzt die Zeit gekommen, ihm den Lebensquell aus dem Körper zu saugen, damit sie nicht länger dieser Liebesqual ausgesetzt wäre. Sie wollte ihn zerfetzen und ihm sämtliche Knochen brechen, ihm die Gliedmaßen vom Körper reißen wie den Ast, den sie in Händen hielt. Sie wollte ihn verschlingen, ihm mit den Zähnen die Haut abziehen, und sie wollte ihn für immer in sich haben. Sie wollte von ihm zerfetzt werden, er sollte ihr die Arme brechen und den Kopf abreißen, damit der Fluch ihrer Dunkelheit endlich ihren Körper für immer verlassen könnte.

Sie wollte als Holzstapel neben seinen Knochen liegen, so daß der Große Geist dann, falls er noch existierte, sie neu gestalten konnte. Er könnte einen Beinknochen von Julio und einen von ihr nehmen und sie mit dem Leim der Schöpfung zusammenfügen, mit der Leidenschaft, die sich unablässig Tag und Nacht an sie heranpirschte. Sie wollte Julio öffnen und den ewigen Schrei ausstoßen. Er sollte ihr zuhören und erfahren, woraus sie bestand. In diesem Augenblick aber wußte sie nicht, was sie dann sagen sollte, denn sie wußte nicht mehr, wer sie war. Er sollte seine Realität in sie hineinschreien, sollte Zweifel, Panik, Schrecken und Entzücken in ihrem Gehirn zum Schweigen bringen.

Das Entzücken bereitete ihr den größten Schmerz. Sie fragte sich, ob sich eine Schwäche in ihr eingenistet, ob sie ihre Macht verloren hatte. Dafür haßte sie ihn, dafür wollte sie ihn zerstören, aber wenn sie ihn vernichtete, würde sie selbst zugrunde gehen. Sie grub die Zähne in den Ast, bis das Zahnfleisch blutete. Sie wollte ihr eigenes Blut schmecken, ihre Identität spüren, die sie vor so vielen Jahren verloren hatte. Der Wind, der ihr ins Gesicht wehte, sollte den Schmerz von ihr nehmen. Eine eigenartige Freude überkam sie. Sie spürte die Energie, die an ihrer Wirbelsäule emporstieg und sich in Millionen Nerven verzweigte, sie reinigte, für wenige Augenblicke in ihrem Herzen lebte, um dann durch den Hals an der Wirbelsäule wieder hinabzusinken und sich wie eine Schlange einzurollen, die sich in der Sonne wärmt und darauf wartet, an einem anderen Tag erneut zuzuschlagen.

Sin Corazón war zutiefst erschrocken. Sie hatte noch nie von der Beziehung zwischen einem Krieger und einer Kriegerin gehört, die einander ebenbürtig und doch so verschieden waren. Sie wußte, daß sie vieles nicht teilen konnten, und daß es auf etlichen Gebieten keine Verständigung geben würde. Mit dem weiblichen Aspekt ihrer Macht wußte sie, daß Materialisierung dem Weiblichen auf dieser Erde entspringt. Alles Nichtmaterielle ist männlich. Was in der Welt nicht offenkundig zutage tritt, sondern in den Kraftfeldern des Universums und im Bereich des Geistes und der Strahlung lebt, verbindet sich mit der Materialisierung und tritt sichtbar in unser Leben.

Für den Bruchteil einer Sekunde ahnte sie, worum es ging und warum sie so lange die Dunkelheit gewählt hatte. Plötzlich wurde ihr klar, daß der alte Zauberer sie in die Materialisierung des Bösen und der Folter eingeführt hatte. Um gesund zu werden, mußte sie das Männliche einbringen – nicht nur das Männliche in der Liebe, sondern das Männliche auf unsichtbaren Ebenen und als Teil des großen Mysteriums. Sie mußte die Zügel der großen weißen Stute des Schicksals, auf der sie ritt, in die Hand nehmen. Es war ihr bereits gelungen, Liebe zu erkennen, denn ihr wahres Herz hatte zum ersten Mal seit vielen Jahren zu schlagen begonnen. Sin Corazón spürte, daß sie diese wonnevolle Energie beherrschte und nicht umgekehrt. Aber sie wußte ebensogut, daß Energie und Bewußtheit eine eigene Intelligenz besaßen und daß die Energie, die sie mit Wonne erfüllte, wußte, was sie tat. Der Versuch, sie zu beherrschen, war ein Spiel ihres Egos.

Sie dachte daran, was Jaguarfrau vor so langer Zeit gesagt hatte, Worte, von denen sie sich abgewandt hatte. Heute schämte sie sich dafür. Zum ersten Mal wurde ihr deutlich, daß sie sich vom Leben als Ganzheit abgewandt hatte, vom Verständnis des Lebens und der Lebenskraft, von der Erkenntnis, daß jedes Leben einen Geist hat und daß man das eine nicht vom anderen trennen kann. Wenn es einen Teufel gibt, dann ist es jemand, der die Idee hat, es gäbe Sünde. Die Sünde existiert für diejenige, die daran glaubt, und sie ist es auch, die Sünde materialisiert.

VII

Sin Corazón saß am Teich und wartete auf Julio. Als sie ins Wasser schaute, fiel ihr unwillkürlich das Rehkitz aus dem Mythos über die sumerische Göttin Inanna ein, das in einer Spiegelschüssel nicht das eigene Abbild erblickt. Auch Sin Corazón sah in diesem Augenblick nicht ihr eigenes, sondern das Antlitz des Meisterzauberers der Unterwelt. Betroffen sank sie auf den Steinsitz zurück, Tränen in den Augen. Das Ungeheuer, das sie erblickt hatte, war Julios Schattenseite. Statt mit lebendigen Augen, die ihr Mut machten, sich den Weg aus der Hölle zu bahnen, starrte er mit «Augen des Todes» unverwandt in ihre Seele und focht alle Träume von Haß und Güte an, die je in ihr gelebt hatten. Das Spiegelbild bedeutete Kraft und Demütigung zugleich. In der Dunkelheit seiner Augen wurden Illusionen zerstört.

Nachdenklich betrachtete Sin Corazón das Zerrbild des Mondes auf dem Wasser, das von einer nächtlichen Brise gekräuselt wurde. Es war kühl, und sie fühlte sich schutzlos. Sie empfand die Kälte des Daseins und der Natur ringsum wie den mächtigen Nordwind auf einem Berggipfel.

Der Reiz, den Herausforderung und Macht auf sie ausübten, war jedoch stärker als ihre Angst. Noch einmal näherte sie sich den tiefen Schichten des Teiches und fragte sich, welche Götter wohl mit ihr spielen und sie auf diese Weise quälen mochten. Sie ahnte, daß die Göttin, die sie in sich hatte, ihre Schale aufknackte und ihr Herz in winzige Teilchen aus Licht und Gold zersplitterte. Schweigend trat sie ans Ufer. Sie hatte Angst, hinzuschauen, Angst vor der Intensität des Schmerzes. Ihr Herz öffnete sich gleich einer rostigen Tempeltür, die tausend Jahre geschlossen war. Als sie in das Spiegelbild auf dem Wasser blickte, spürte sie die Träume, die Julio in vielen Leben geträumt hatte. Sie hörte Jaguarfrau, die ihr erzählte, daß die Berge in ihrem Mysterium und ihrer Schönheit unerschöpflich sind. Was aber hatte das dunkle, dämonische Gesicht Julios zu bedeuten? Diese Augen, die sie, Sin Corazón, mit unbarmherziger Kälte töteten? Diese Augen waren nicht an ihren bösen Plänen oder an ihrem bisherigen Verhalten in der Welt interessiert. Sie prüften den Stein ihrer Wahrheit, und plötzlich wußte sie, daß ihre Schwäche letztendlich ihre Rettung sein würde. Julio drang über ihre Verletzlichkeit und ihre Machtlosigkeit in sie ein. In ihren Fehlern verbarg sich der Zugang zu ihrer Freude.

Einer Auster gleich, die um das eingedrungene Sandkorn eine Perle bildet, gab Sin Corazón dem dämonischen Funkeln nach, das ihre Seele bestimmte. Der heilige Berg, den sie mit Jaguarfrau während ihrer Ausbildung erklommen hatte, steckte in ihrem Fleisch und wurde Teil ihres Blutes und ihres Geistes. Hier verschmolzen nicht Dämonen miteinander, sondern Macht. Sin Corazón schloß die Augen und spürte den Berg, dessen Gipfel in Wolken lag. Ein weiterer Blick in den Teich zeigte ihr Julios Gesicht freundlich und liebevoll. Seine Augen hatten sich wieder in die Augen der Göttin verwandelt, in die Augen des Lebens. Sin Corazón brannte vor Freude.

Als sie sich aufrichtete, stand Julio neben ihr und schaute sie unentwegt an. Seine Augen glitten forschend über ihr Gesicht und ihren Körper. Sie spürte den Berg in ihm, die Unermeßlichkeit seiner heiligen Landschaft. Würde sie einen Weg durch diese Wildnis finden? Gab es Nahrung für ihren Geist, oder würde sie Hungers sterben? Endlose Fragen würden sich ihr stellen, bis nichts mehr zu fragen wäre und nur noch die Möglichkeit höchster Gefahr bestand.

«Was geschieht, wenn ein gefährlicher Mensch einem anderen gefährlichen Menschen begegnet?» fragte sie.

«Das bedeutet potenzierte Gefahr, wie ein doppelter schwarzer Diamant. Unser Spiel ist gefährlicher als die rasende Fahrt auf den Rand einer Klippe zu», sagte er und riß ihr mit seiner Unschlüssigkeit das Herz aus dem Leib. «Glaubst du, du könntest mit mir glücklich werden?»

«Ja», sagte sie. «Wovor hast du Angst?»

«Vor der Zeit, vor allem aber, daß unsere persönlichen Bedürfnisse sich über die Freiheit des anderen stülpen könnten.»

Während Julio seine Energie wieder von ihr abzog, strömte Sin Corazóns Energie ohne ihr Zutun zu ihm hin, wie eine Flutwelle, die eine Höhle füllt. Julio stand wie in Trance vor ihr und heilte ihren Körper mit seiner Willenskraft. Ehrfürchtig schaute sie zu, wie er vor ihren Augen starb. Dann zuckte er am ganzen Körper und erwachte wieder zum Leben. Sin Corazóns Energie floß in einer Woge sexueller Erregung zurück in ihren Körper.

Sie konnte sich dem, was geschah, nicht widersetzen. Sie war ihrer Macht beraubt und von neuem mit ihr gefüllt worden. Sie beobachtete Julio genau, während er mit ihr sprach und spielte. Er war unwiderstehlich. Ein abwegiger Gedanke schoß ihr durch den Kopf, als sie sich in ihren eigenen Kraftkreis zurückzog. Mit jedem Wort aus ihrem Mund, mit jeder Geste und jeder Liebkosung verlieh sie ihm Macht. Damit forderte sie ihn auf, sich in ihr zu verlieren. Erst dann würde ihnen die geheimnisvolle Kraft zuteil, die dazu befähigt, sich in einem anderen zu verlieren. Er seinerseits erfüllte sie mit Macht und winzigen, tranceähnlichen Toden. Sie erlebte sein Leben und seinen Tod, um seine Wiedergeburt zu erfahren.

«Die Frau verleiht dem Mann Macht. Er wird von ihr schwanger.» Das hatte Agnes Wistling Elk einmal zu ihr gesagt.

Wenn Sin Corazón Julio nicht geliebt hätte, wäre der fruchtbare Boden nicht bestellt worden. Ohne Julios Liebe hätte der Garten nicht bepflanzt werden können. Ohne ihre gemeinsame starke Liebe hätte die magische Verwandlungskraft der Schöpfung nicht das Licht der Welt erblickt. Die Göttin der wiederkehrenden Liebe trat aus dem Wald. In ihrem Haar und in den Bäumen ringsum funkelten Sterne. Sin Corazón schloß die Hände und breitete die Arme aus, als wolle sie diesen Augenblick der Vollendung für immer festhalten.

11

Lockung der dunklen Seite

Wir unterbrachen die Geschichte von Sin Corazón und Julio für ein paar Tage. Ich reiste mit Agnes in den Nachbarort, um Zoila einen Besuch abzustatten, die bei der Familie ihres Mannes zu Gast war. Ich erfuhr, daß Zoila sich häufig dort aufhielt, wenn sie mit Jaguarfrau Rituale beging.

Agnes hatte die Geschichte, die wir vernommen hatten, ebenso erschöpft wie mich. Stundenlang saß ich draußen im Maisfeld hinter dem Lehmhaus und schrieb, während Agnes in der Wildnis verschwand und mit duftenden Kräutern zurückkehrte, die sie mit nach Kanada nehmen wollte.

Ruby war bei Jaguarfrau geblieben. Ich wagte nicht nachzufragen, was sie machten. Ich wußte, daß man es mir früh genug sagen würde.

Ich saß in einem kleinen Restaurant am Rande des Marktplatzes. Die roten Markisen flatterten im heißen Sommerwind, der seit einer halben Stunde aus südlicher Richtung wehte. Feuchtigkeit lag in der Luft, und ich war erschöpft und verzagt, während ich meinen Eistee schlürfte und meiner Schwester Sin Corazón, die mir gegenübersaß, in die Augen schaute. Das Verbannungsritual auf Yucatán, bei dem ich sie zuletzt gesehen hatte, war lange her.

Vor einer Woche war ich früh am Morgen in meiner Hütte außerhalb von Uxmal auf Yucatán geweckt worden. Zoila hatte mir einen Brief aus Mérida überreicht und mich dann allein gelassen, damit ich ihn lesen konnte. Ich hatte nicht die leiseste Ahnung, was der Brief enthalten könnte, aber ich sah Zoila an, daß es wichtig war. Er kam von Sin Corazón; sie lud mich ein, sie in einer Woche in San Cristóbal zu treffen.

Verblüfft trug ich den Brief unter die Kapokbäume zu Zoila. Sie hatte die Haare nach hinten gebunden und trug eine dünne weiße Baumwollbluse, die mit leuchtenden Farben bestickt war, einen langen blauen Rock und Sandalen. Anmutig kniend grub sie mit einem kleinen Spaten Kräuterpflanzen aus.

«Zoila, hast du gewußt, daß der Brief von Sin Corazón ist?»

Sie nickte.

«Sie will mich treffen. Meinst du, das ist richtig?» fragte ich und half Zoila, die Pflanzen einzusammeln.

«Es ist sinnvoll, solange du es willst.»

«Kann es mir schaden?» fragte ich. «Was will sie wohl von mir?»

«Was meinst du denn?» entgegnete Zoila.

Schließlich hörte sie auf zu graben und setzte sich. Sie klopfte neben sich auf die blanke Erde und bedeutete mir, neben ihr Platz zu nehmen.

«Manchmal herrscht eine Wildheit in uns, als steckten wir voll wilder Tiere», sagte sie. «Die meisten von uns schreckt allein die Vorstellung, ein Fenster oder eine Tür zu öffnen und diese wilden Tiere freizulassen. Du hast das Gefühl, als stecktest du voller Tiger, die dich verschlingen wollen. Wenn du Verantwortungsgefühl besitzt, weißt du, daß es sehr gefährlich ist, diese Tür zu öffnen und das Wilde freizulassen, weil du nicht weißt, welche Form es annimmt. Wenn es einmal draußen ist, weiß man nie, ob man es noch unter Kontrolle halten kann.»

Ich schaute Zoila verwundert an; ich wußte, daß sie nicht nur von Sin Corazón sprach, sondern eine Seite beschrieb, die wir alle in uns hatten.

«Aber, Zoila», sagte ich, «es stimmt doch auch, daß einige von uns diese Wildheit auf andere Weise kennen? Nicht nur als Wildheit, sondern auch als Finsternis?»

«Ja.» Zoila nickte und bündelte ihre Kräuter. «Weißt du, sobald du natürliche Regungen egal welcher Art unterdrückst, schaffen sie ein Schattenselbst. Es ist Teil deines Schattenschildes, die dunkle Seite eben. Wie stark das triebhafte Wesen unterdrückt wird und wie sehr du dich auf Heilrituale einläßt, hängt von vielerlei ab, zum Beispiel von deiner persönlichen Geschichte, von deiner Geistgeschichte.»

«Aber Sin Corazón fühlte sich von Schwarzer Magie und Zauberei angezogen», sagte ich.

«Ja, sicher», bestätige Zoila. «Damit hat sie sich lange Zeit befaßt.»

«Aber während des Verbannungsrituals, Zoila, hatte ich das Gefühl, daß Sin Corazón diese Phase überwindet und auf der anderen Seite als gesunder Mensch wieder auftaucht oder wenigstens die Möglichkeit der Wandlung hat. Meinst du nicht auch?»

Zoila, die Sin Corazón viel nähergestanden hatte als die meisten von uns, schüttelte den Kopf. «Ich wünschte, ich könnte dazu etwas sagen, meine Tochter. Kann sein, daß Sin Corazón an einem Punkt angelangt ist, wo sie eine Freundin braucht, und wenn du dich stark genug fühlst und dich von ihr nicht beeindrucken läßt, dann solltest du dich mit ihr treffen.

Es ist eine Entscheidung, die nur du allein fällen kannst. Du kennst deine Stärke am besten. Warum solltest ausgerechnet du ihrem Einfluß unterliegen? Von allen Schülerinnen, die ich je gekannt habe, besitzt du eine Unschuld, die dich nie verlassen hat. Diese Unschuld hat es dir ermöglicht, weit über die Grenzen des Bewußtseins hinaus zu lernen. Andererseits kann sie dich aber auch bei jemandem wie Sin Corazón zu Fall bringen, denn du bist vielleicht nicht in der Lage, sie richtig einzuschätzen. Deshalb würde ich bei eurem Treffen zu gern Mäuschen spielen. Sin Corazón hat kein unschuldiges Herz, aber eines Tages wird sie vielleicht Herzensreinheit erlangen. Das bleibt abzuwarten. Was dich betrifft, meine Tochter, so fürchte ich, daß du nicht merkst, wenn sie dich austricksen will.»

«Ich würde es schon merken», sagte ich mit Nachdruck.

Zoila lächelte mich an. «Vielleicht sollten wir ein Ritual abhalten, ehe du gehst, um festzustellen, ob deine Geistgestalt stark genug ist. Wenn du dich vorbereitet hast, wenn du weißt, was dir bevorsteht, dann glaube ich, wirst du sie einschätzen können. Aber glaube in deiner Unschuld nicht, daß du sie heilen kannst. Du kannst ihr nur Liebe schenken. Sin Corazón muß ihre Wandlung allein vollziehen.» Zoila hielt inne und pflückte welke Blätter von einem Korianderzweig. «Andererseits glaube ich, daß ihr bereits jemand hilft.»

«Julio, meinst du?» fragte ich, denn ich hatte das Funkeln in ihren Augen bemerkt.

«Nun ja», sagte Zoila, «kann sein, daß die Schwingen der Liebe sie gestreift haben.»

«Sie scheinen sich mitten in einem Tanz miteinander zu befinden», sagte ich.

«Ich glaube, Sin Corazón braucht nach allem, was geschehen ist, eine Freundin. Du bist die Jüngste unter uns, und deshalb stehst du ihr näher als alle anderen. Ich glaube, ich kann dich mit meinem Segen ziehen lassen. Jaguarfrau ist zwar nicht da, aber wir werden heute abend mit ihr träumen und sicherstellen, daß wir einer Meinung mit ihr sind. Sin Corazón ist unsere Schwester, auch wenn sie abtrünnig geworden ist. Wir haben sie geliebt und werden sie immer lieben. Vielleicht hat sie gelernt, das Wilde, das in ihr war, wieder zurückzurufen. Vielleicht hat sie gelernt, daß sie die Wildheit freilassen muß, um sie vollkommen zu beherrschen.»

«Sin Corazón, warum hast du mich um ein Treffen gebeten?» Sin Corazón war eine außergewöhnliche Frau. Ich hatte stets das Gefühl, daß ihr nichts entging und sie Dinge sah, die andere nie zu sehen bekamen. Ich schaute ihr tief in die Augen und versuchte, die Dunkelheit in ihrer Seele zu entdecken.

Sie trug eines dieser einfachen kurzen Kleider, wie ich sie aus der Gegend um Mérida kannte. Ihre silbernen Ohrringe glitzerten in der Sonne. Auf ihrer sonnengebräunten Haut leuchtete ein Navajo-Halsband aus Türkisen. Ganz ohne Zweifel war sie eine mächtige Frau.

«Weil ich eine Freundin brauche», sagte Sin Corazón, ganz wie Zoila vermutet hatte. «Ich habe so viel durchgemacht, seit wir uns das letztemal gesehen haben. Ich dachte schon, ich würde euch nie mehr wiedersehen und wenn, dann nur im Wettstreit um die Macht. Aber ich bin nicht hier, um mich mit dir zu streiten, Lynn. Ich bin hier, weil wir Freundinnen waren. Ich kann einfach nicht glauben, daß du mir nicht verzeihen kannst. Solange wir befreundet waren, habe ich immer wieder erlebt, wie du Menschen aus tiefstem Herzen verziehen hast, und wenn sie dir noch so übel mitgespielt hatten. Ich glaube», sagte sie und schlug zum ersten Mal die Augen nieder; es wirkte beinahe schüchtern, als wollte sie verhindern, daß ich die Tränen in ihren Augen sah, «daß ich lange auf Abwegen war, und ich versuche, den Heimweg zu finden.»

Als sie den Blick wieder hob, war ihr Ausdruck vollkommen verändert. Schon oft hatte ich bei Frauen und Männern der Macht erlebt, daß sich ihre Körperlichkeit und ihre Statur sichtbar veränderten, sobald sich die Macht verschoben hatte. Sin Corazón sah in diesem Augenblick viel jünger aus. Ich hätte schwören können, daß in ihrem Gesicht weniger Falten waren als noch vor wenigen Sekunden. Sie faltete die Hände im Schoß und sah mich offen und ehrlich an – so schien es.

«Tut mir leid, Lynn, wenn ich dich verwirrt und verletzt habe», sagte sie kleinlaut. «Ich weiß, daß ich dir Schmerz bereitet habe, als ich einen anderen Weg wählte. Da war etwas in mir, das befreit werden mußte, und ich konnte meinem Lebenspfad nicht weiter folgen, ohne die Dämonen zu verstehen, die mich mit sich rissen bis in die finstersten Winkel der Nacht. Ich mußte sie akzeptieren; indem ich sie freiließ, hatte ich wenigstens die Kontrolle über sie, denn sie waren drauf und dran mich zu beherrschen.»

«Aber sie *haben* dich beherrscht, Sin Corazón, und sie *haben* dich von uns genommen.»

«Nein, Lynn, ich selbst habe mich von euch entfernt, das weiß ich jetzt. Ich allein bin dafür verantwortlich. Wenn es in dieser Welt Dunkelheit gibt, entscheiden wir uns für sie, und wir müssen für das, was wir sind, die Verantwortung tragen.»

«Und wer bist du jetzt, Sin Corazón? Trotz unserer vielen gemeinsamen Erfahrungen bist du mir inzwischen fremd.»

«Dann erlebe mich einfach so, wie ich hier sitze, Lynn. Erst wenn ich deine Liebe empfange, kann ich gesund werden. Du bist für mich wie ein Spiegel, in dem ich selbst für jemanden wie mich Hoffnung zu entdecken glaube.»

Lange schaute ich Sin Corazón an und beobachtete das Lichtspiel auf ihrem Gesicht. Trotz der Freude, die wir miteinander hatten, trotz unseres gemeinsamen Lernens und der vielen Reisen, die wir zusammen unternommen hatten, hatte ich Sin Corazón noch nie so offenherzig gesehen. Sie war stets verschlossen, in sich gekehrt und kühl gewesen.

«Was hast du erlebt, daß du dein Herz in dieser Weise öffnest?» fragte ich sie schließlich. «Du hast dich irgendwie verändert, das spüre ich. Das kann unmöglich der dunkle Pfad der Zauberei sein –»

Sie unterbrach mich. «Nein, ganz bestimmt nicht. Ich habe jemanden kennengelernt, er hat mich verändert.»

«Jemand hat dich verändert?» fragte ich.

«Wir haben gemeinsam eine Entscheidung gefällt. Wir haben uns für Wachstum und Wandlung entschieden, und irgendwie hat er das Spiegelbild meiner Dunkelheit in sich aufgenommen. Zunächst dachte ich, dieser Mann könnte vielleicht an der Magie interessiert sein, die ich unbedingt hinter mir lassen wollte. Aber ich bin mir inzwischen sicher, daß er mir hilft, gesund zu werden.»

«Aber wie stellst du dir das vor, Sin Corazón? Wir wissen

doch beide ganz genau, daß du dich nur selbst heilen kannst. Niemand heilt dich.»

«Nein, niemand heilt einen anderen. Aber es gibt die Möglichkeit, sich auf der Ebene der Energie mit einem Menschen zu verbinden, den man liebt. Und wenn diese Verbindung vollzogen wird, was sehr selten vorkommt, ist es in der Tat möglich, von der langen nächtlichen Suche nach Zauberei und Manipulation abzulassen. Es geschieht vielleicht in diesem oder in einem anderen Leben: Du stehst plötzlich vor einem Spiegelbild, zuweilen buchstäblich, in den Wassern des Universums, und wenn du dich betrachtest, siehst du ein Ungeheuer. Du kannst dich in dieses Monstrum verlieben und es noch vergrößern, oder du kannst dieses Ungeheuer umwandeln und dich dem Guten zuwenden. In dem Augenblick, als ich mich selbst in diesem Ungeheuer erkannte, war mir, als falle das Fleisch von mir ab, als könnte ich nicht atmen, als bliebe nichts mehr von mir übrig. Aber es machte mir auch nichts aus. Denn ganz allmählich verband ich mich durch Liebe und Erleuchtung mit seinem Strahlen und hatte irgendwie die Kraft, die Dämonen, die mich fest im Griff hielten, zu besiegen.»

«Soll das heißen, du warst Opfer dieser Dämonen?» fragte ich und beobachtete erneut, wie Sin Corazón sich vor meinen Augen in eine jüngere Frau verwandelte, wie die Falten um die Augenpartie verschwanden.

«Ja, ich fiel meinen eigenen Geschöpfen zum Opfer. Irgendwie habe ich mich bei der Erschaffung dieser Monsterwelt in ihr verlaufen und nicht wieder herausgefunden. Wenn man zu lange ins Dunkel schaut, fängt die Dunkelheit zuweilen an, dich anzusehen. Dann stülpt sie sich über dich. Was immer das bedeuten mag, Lynn, jetzt bin ich aus diesem Labyrinth heraus – ich bin einsam und doch ganz. Ich kenne mich jetzt genau. Nun muß ich einen Weg der Wiedergutmachung finden. Es ist mir eine große Hilfe, dich zu sehen, mit dir zu reden, meine eigene Stimme zu hören und die Schwesternschaft zu sehen, die sich in deinen Augen widerspiegelt; ich habe euch sehr vermißt. Ich danke dir, daß du gekommen bist. Es bedeutet mir viel.»

Sin Corazón streckte eine Hand aus und stellte einen winzigen Fetisch in Gestalt eines schwarzen Wolfs vor mich. Sie führte die Faust zum Herzen und neigte den Kopf, um mir ihren Respekt zu erweisen.

«Für meine Schwester im Geiste», sagte sie und erhob sich, «daß sie an mich denken möge.»

Sin Corazón drehte sich um und war schnell wie ein Blatt im Wind verschwunden, so daß ich mich im ersten Moment fragte, ob sie überhaupt dagewesen war.

VIII

Wir hatten uns alle wieder bei Jaguarfrau eingefunden, um die Fortsetzung der Geschichte zu hören, die ich zu verinnerlichen begann. Sowohl in Julio als auch in Sin Corazón entdeckte ich eigene Seiten, etwas, das sich auch in meinen Beziehungen widerspiegelte.

Julio war unterwegs in die Berge. Es war nicht weit. Er hatte das Bedürfnis, sich auf den höchsten Punkt in der näheren Umgebung zurückzuziehen. In ihm war eine Öffnung entstanden, eine Kluft, um die er sich kümmern mußte. Hatte sich eine neue Schlucht aufgetan? Ihm war, als drückten die Fluten der Gefühle, die er zurückzuhalten versuchte, unablässig gegen geschlossene Schleusentore, aber er wußte nicht, woraus die Tore bestanden. Er konnte sich nicht erklären, warum er so viel Energie aufwandte, dieser schönen Frau zu widerstehen, aber daß er sich sträubte, war klar, und sie spürte es. Zuweilen wollte er einfach zu einer anderen flüchten, ein Bedürfnis, das er im nächsten Augenblick bereits verleugnete. Die Aussicht auf Licht, Intensität, Kraft und Hochstimmung quälte ihn, weil es wie Schwäche anmutete. Er spürte, daß sie ihm gegenüber wahrscheinlich dasselbe empfand, und auch das jagte ihm Furcht ein, denn während er floh, wurde ihm bewußt, daß auch sie floh. Als *curandero,* als ein Mann der Macht, hatte er geholfen, Sin Corazón zu heilen, das wußte er. Er wußte, daß er an jenem Abend am Teich ihre Finsternis in sich aufgenommen hatte. Irgendwie war es ihm mit Hilfe von Magie und Verwandlungskraft gelungen, ihre dunklen Züge umzuformen und einem neuen Anfang zuzuführen, dem Licht, einem Entstehungsprozeß, von dem er Teil war. Er wußte es mit jeder Faser seines Wesens, aber er kannte die Form nicht. Als *curandero* wußte er, daß er einer Form bedurfte, um seine Magie auszuüben, um zu heilen, um ein Mann der Macht zu sein.

Er dachte, er hätte den Bereich der Liebe, der körperlichen Beziehung zu Frauen, erforscht, aber er hatte noch nie eine Frau wie Sin Corazón kennengelernt – eine Frau, die ihm ebenbürtig war. Er hatte ein Bild im Kopf von der Schönheit der Kommunikation zwischen ihm und Sin Corazón, aber er hatte keinen Rahmen, in den er sein Kunstwerk hätte spannen können. Indem er Sin Corazón heilte, hatte er sich selbst geheilt. Er hatte sich wohl gefühlt, denn im Verlauf einer Entwicklung findet immer ein Austausch von Energie statt. Jetzt aber befand er sich ebenso wie sie an einem Ort des Stillstands, aber seine Stille war anders als ihre. Seine Stille war Nichtwissen. Er mußte den nächsten Schritt tun, obwohl es ihm unmöglich schien, ihr die Hand zu reichen. Doch da Sin Corazón unfähig war, sich zu regen, mußte er zum nächsten Spiraltanz auffordern, wenn die Magie zwischen ihnen wirken sollte.

Während er auf den Berg zuging, erforschte er die Horizonte seines Geistes, die großen Zitterbäume seiner Erfahrung. Er strebte dem Gipfel des Berges zu, der Stelle, an der ihm stets Ideen kamen, wo er aussortierte, was ihm nicht mehr von Nutzen war. Er war erschöpft. Die Beine schmerzten, die Rükkenmuskeln taten weh. Er spürte enorme, nie gekannte Müdigkeit. Sein Herzschlag beschleunigte sich, nicht wegen der körperlichen Anstrengung, sondern vor Angst, in die sich ein

Gefühl der Unsicherheit mischte, das ihn rasend machte. Und mit seiner Wut kehrte die Kraft wieder, und mit weit ausholenden Schritten näherte er sich dem Gipfel, dem Ziel, an dem er Frieden zu finden hoffte.

Als er schließlich auf einem Felsvorsprung auf dem Gipfel saß und auf die untergehende Sonne schaute, auf das Tor im Westen, das ihn stets mit Ruhe erfüllte, spürte er im Gegensatz zu sonst eine seltsame Erregung. Er schaute tief in sich hinein. Mit der seherischen Fähigkeit eines *curandero* tauchte er hinab zu der Energie, die um den Ort seiner Macht in seinem Bauch kreiste. Er folgte dem Energiefluß und ließ seinen Gedanken und Sehnsüchten freien Lauf. Endlich kam Stille über ihn. Endlich umgab ihn ein Moment der Erleichterung und füllte ihn mit einem goldenen Licht, ähnlich der Sonne, die hinter dem Horizont versank. Und mit dem Einbruch der Dunkelheit begab er sich an die Schattenplätze seines Selbst und zwang sich, die Seiten seiner Macht zu betrachten, die er sich noch nie angesehen hatte. Er fragte sich, was Macht für ihn bedeutete. Glaubte er denn, er habe es nicht verdient, glücklich zu sein? Eine Woge von Emotionen überschwemmte ihn, als er sich eingestehen mußte, daß dies tatsächlich zutreffen könnte, daß es vielleicht einen Teil in ihm gab, der Angst hatte, verletzt und betrogen zu werden, Angst, irgendwie zu sterben. Doch während die Sonne hinter dem Horizont erstarb, hatte er gleichzeitig die Gewißheit, daß am Morgen der Morgenstern aufgehen würde, der die Sonne erneut zum Zenit führen würde, an ihren Platz der Macht und des Wachstums und der lebenspendenden Energie. Auch er würde dem Morgenstern folgen, der Venus, die in uns alle eindringt und in uns lebt, wenn wir Glück haben.

IX

Sin Corazón ging zum Meeresufer hinunter. Sie schaute über die weite Wasserfläche, die vom Horizont heranrollte. Sie setzte sich an den Strand und hielt das Gesicht in den stürmischen Wind, der wild und unbändig ringsumher tobte und an ihren Kleidern zerrte. Regen prasselte auf sie nieder und schwemmte ihre Gefühle und Gedanken mit sich fort, die Qualen, die sie ausgestanden hatte, und erlöste sie von den Schmerzen und Sehnsüchten der Vergangenheit. Die mächtigen Windböen, die den Ozean aufwühlten, berührten sie nicht. Die inzwischen fast drei Meter hohen Wellen rollten in großen, langen Röhren aus weißer, schaumiger Brandung an den Strand, wo sie sich donnernd überschlugen. Sin Corazón aber saß an einem Ort der Stille, der Lautlosigkeit – und hörte zum ersten Mal auf ihre eigene Weisheit.

Aus der Ferne sprach Jaguarfrau zu ihr, wie sie es vor langer, langer Zeit getan hatte. Sie sagte ihrer Schülerin, sie habe noch Zeit und der böse Zauberbann könnte mit Hilfe ihrer Macht gebrochen werden. Sie solle sich darüber klarwerden, wer sie sei. Zunächst wußte Sin Corazón nicht, was die Stimme meinte. Sprach sie vom Zauberbann der Liebe? Oder von der Dunkelheit, die sie in den Tiefen des Dschungels gesucht hatte, nachdem ihr Mann sie verlassen hatte? In diesem Augenblick kam Sin Corazón die Erkenntnis, daß es eigentlich nie eine Rolle gespielt hatte, ob ihr Mann sie verlassen hatte oder nicht – die magische, dunkle Seite hatte sie schon immer fasziniert, und es hatte eine Zeit gegeben, als sie, noch unter dem Einfluß ihrer Lehrerin, ihrer Macht und ihrem Glanz, nachts heimlich zu den Zitadellen des Bösen aufgebrochen war. Sie war dem Pfad der Rache gefolgt. Immer wieder hatte sie versucht, sich an ihrem Mann und der Frau, die ihn ihr genommen hatte, zu rächen. Sie sah jetzt jedoch ein, daß eine wirklich gute Ehe nie zerbrechen kann. Eine starke, bewußte Ehe kann erschüttert, nicht aber zerstört werden. Sie war sich ihres Mannes nicht mehr gewahr gewesen. Daran gab es nichts zu rütteln. Sie fragte sich, wie sie so blind hatte sein können. Sie spürte die aufgewühlte See und sah zugleich den Sturm in sich, einen wahren Hurrikan. Sin Corazón hatte den Sturm ausgelöst. Sin Corazón hatte im Bewußtsein ihrer Macht die Winde der Zerstörung angerufen. Jeden Augenblick hatte sie genossen, aber jene Augenblicke der süßen Rache hatten ihr die Seele geraubt.

Wenn doch nur Jaguarfrau hier wäre, dachte sie. Sie könnte die Frage, die in mir brennt, beantworten. Wenn ich meine Seele verloren habe, wo ist sie jetzt?

Sie wußte, daß sie Jaguarfrau noch einmal aufsuchen mußte. Jaguarfrau hatte sich von ihr abgewandt, als sie sah, was aus ihrer Schülerin geworden war. Sie hatte ihre Macht von Sin Corazón abgezogen. Ob sie mit einem Treffen einverstanden wäre?

Sin Corazón holte das Bild des Sonnentempels aus den Tiefen ihres Bewußtseins. Sie sah den geheimen Zugang zur inneren Kammer dieses Tempels, eines uralten Bauwerks aus der olmekischen Kultur, eines vergessenen, unter Lianen verborgenen Tempels. Er hatte als Kultstätte gedient und war der Außenwelt nur wenig bekannt. Seit Jahrhunderten, seit sie ihre gemeinsame Arbeit auf diesem Kontinent begonnen hatten, war er ein Kraftort für die Frauen der Schwesternschaft. Sin Corazón kannte die Losung und den Eingang, dessen Jaguarwächtern sie mit größtem Respekt huldigte.

In ihrer tiefen Trance wurde Sin Corazón viermal von einem schwarzen Panther umkreist, der sie beroch und ihr in die Augen schaute, um zu prüfen, ob sie in lauterer Absicht kam. Schließlich leckte er ihr mit seiner langen rosa Zunge die Hand und führte sie zum Mittelpunkt des Tempels. Sin Corazón atmete den Duft der uralten, feuchten Erde und spürte unter den Füßen die vor vielen Jahrhunderten sorgfältig behauenen und ineinandergepreßten Steine, als wäre sie wirklich dort.

Sie stimmte das Machtlied für Jaguarfrau an, aber der heilige Sitz des Vergessens und Erinnerns in der Gruft der höchsten Göttin, die dort herrschte, war leer. Sie kniete vor dem Jaguarsitz nieder und rief sich wie üblich alles ins Gedächtnis, was zu ihrer Persönlichkeit gehörte. Sie weinte aus den Tiefen ihres Seins und dachte an die vielen Weggabelungen und die falschen Windungen, denen sie gefolgt war, an die Abzweigungen in die Dunkelheit, die Pfade, die unter die Bäume geführt hatten, die das Licht scheuten und stets im Mysterium des Unbekannten verborgen waren.

Dann schaute sie in die Nische des Vergessens. Sie brach durch den Wall von Erinnerungen wie eine Galeone durch die Wellen auf hoher See. Sie sah das Wasser, roch die Erde und spürte die Steine unter den Füßen. Zugleich sah sie noch immer den Sturm, der sie am Strand umtoste, und befand sich doch in dem alten Jaguartempel der Olmeken. Sie löste sich von allem, was in den vergangenen Jahren von ihr Besitz ergriffen hatte. Sie riß sich von den Klauen der Finsternis los, die sich tief in sie eingegraben hatten. Sie zog die krummen Klauen des alten Zauberers aus dem Fleisch und ließ das Blut in die heilige Schale tropfen, die zu ihren Füßen stand. Sie vergaß, wer sie war, und erinnerte sich neu, wer sie war. Wer umkehrt, will nach Hause, und dieses Verlangen war wie ein Licht auf dem Pfad durch ihren Urwald aus Schwäche und Mutwillen.

Sie rief nach Jaguarfrau und wünschte sich, sie möge zu ihr kommen und ihr helfen wie nie zuvor. Sin Corazón hatte nie um Hilfe gebeten, denn sie hatte es nie für nötig befunden. Noch nie hatte sie sich auf einen Pfad begeben, den sie nicht verstand. Aus den Ecken der Kammer ertönte eine vertraute Stimme, eine weibliche Stimme der Macht, die zu ihr sprach. Sin Corazón wagte nicht, in die Richtung zu schauen, aus der die Stimme kam, denn sie wußte, Jaguarfrau würde dort stehen und die Unwissenheit ihrer Schülerin mit ihren leuchtenden Augen durchbohren.

«Liebe hat dich wieder zu mir geführt, und aus Liebe stehe ich noch einmal vor dir. Ich sehe deinen Schmerz, und ich sehe in dir eine Frau, die die Scherben ihrer Seele wieder zu einem Ganzen zusammenfügen will. Ich sehe den Pfad, den du gegangen bist. Ich werde dich nicht bestrafen, denn das ist nicht meine Aufgabe. Dein Dasein war Strafe genug. Was also willst du von mir, Sin Corazón? Laß mich deine Absicht wissen, jetzt, in diesem Augenblick.»

Schmerzlich wurde sich Sin Corazón bewußt, daß Jaguarfrau den Sitz der Macht nicht einnehmen würde. Sie beobachtete das Leben und Treiben ihrer Schülerin vom Rande aus, betete für sie, um sie ihren Entscheidungen und dunklen Träumen zu überlassen.

«Ich strebe Vollkommenheit an», sagte Sin Corazón zu der Stimme im Schatten. «Wenn das gleichbedeutend ist mit Tod, dann bin ich bereit zu sterben. Wenn es Liebe bedeutet, dann hilf mir bitte auf diesem mir unbekannten Weg. Ich glaube, ich kann es nicht länger ertragen. Was soll nur aus mir werden?»

In ihrer Vision kniete Sin Corazón vor dem Jaguarsitz nieder. Sie spürte, wie verletzlich sie war. Schließlich drehte sie sich zu Jaguarfrau um, der Frau, die ihre Lehrerin gewesen war. Sie wandte den Blick nicht ab, als Jaguarfrau aus dem Schatten trat. Vor der außergewöhnlichen Macht dieser Frau, vor ihrem strahlenden Wesen traten Sin Corazón Tränen der Ehrfurcht in die Augen. Sie erkannte nun, wer ihre Lehrerin wirklich war.

«Es steht mir nicht zu», sagte Sin Corazón, «um Vergebung zu bitten, denn ich bin so unwissend, daß ich nicht einmal weiß, wo ich anfangen soll. Schau in mein Herz, Lehrerin, an die Stelle, an der mein eigentliches Wesen sitzt, und sieh mich. Wenn ich mit unlauteren Absichten vor dich trete, dann töte mich jetzt, denn ich habe mich verirrt. Und wenn ich mich selbst so wenig kenne, dann verdiene ich vielleicht nicht mehr, zu leben.»

Jaguarfrau schritt viermal im Kreis um ihre Schülerin herum. Sie benutzte die himmlische Rassel, die während ihrer Ausbildung zu den heiligen Gegenständen gehört hatte. Mit jedem Rasseln wurde Sin Corazón weiter in den Kraftkreis zurückgezogen. Der sanfte Ton der Kristalle im uralten Kürbis machte sie weinen. Weisheit kam über die beiden Frauen, obwohl sie sich in einem Traum befanden.

«Ich sehe eine Frau», sagte Jaguarfrau und setzte sich schließlich doch anmutig wie ein junges Mädchen auf den Jaguarsitz. Mächtig und freundlich saß sie in ihrer strahlenden Geistgestalt vor Sin Corazón. «Ich sehe eine Frau, nicht mehr und nicht weniger. Eine Frau, die den Mut hatte, ihren Zauber zu leben. Eine Frau, die ihren dunklen Träumen folgte, was zu keinem guten Ende führte. Du hast für das, was du nicht verstanden hast, teuer bezahlt, wie wir alle übrigens.» Jaguarfrau führte die Faust zum Herzen. Die Tränen in ihren Augen spiegelten die tiefen Gefühle wider, die Sin Corazón empfand.

Vergessen waren die tobende See, der Sturm und der Strand. Sin Corazón war zumute, als säße sie leibhaftig im Jaguartempel. Sie wunderte sich zwar über die Klarheit der Vision, fragte sich aber nicht, wie sie zustande kam. Wichtig war einzig und allein, daß sie sich mit ihrer Lehrerin wieder verbunden fühlte.

«Ich verurteile dich nicht», fuhr Jaguarfrau fort. «Ich liebe dich, und du kannst dir nicht vorstellen, wie erleichtert ich bin, daß du hier bist. Julio ist ein großartiger *curandero.* Aus Liebe zu dir hat er dein dunkles Spiegelbild in sich aufgenommen.

Sin Corazón atmete tief ein, als sie an die Nacht dachte, in der sie vergeblich die glatte Wasseroberfläche des Teiches nach ihrem Spiegelbild abgesucht hatte. Sie hatte es damals vermutet, war aber so entsetzt gewesen, daß sie vor Julio und ihrem Schicksal davongelaufen war. «Aber ich –»

Jaguarfrau unterbrach sie und fuhr fort: «Er hat dir geholfen, dich zu erneuern. Es gab keine andere Möglichkeit. Du allein aber», sagte sie und zeigte auf Sin Corazón, «hast die Verschmelzung zustande gebracht. Deine Wiedergeburt ist allein deiner Macht entsprungen. Julio war für dich da. Er liebt dich, und du liebst ihn. Dank der Macht der Liebe hast du festgestellt, daß Dunkelheit nur durch Liebe überwunden werden kann. Du hast den Weg zu dieser Schwelle zur Genesung gefunden, ehe es zu spät war. Nun liegt es an dir. Er hat seine Magie ausgeübt. Er hat dich zu dir zurückgeführt. Wenn du jetzt in den Teich blickst, siehst du nicht nur dein eigenes Spiegelbild, sondern auch die Spiegelung der Augen des Lebens, die dich unterstützen und dir Kraft verleihen. Vereine diese Augen mit den deinen und werde eins mit allem, was ist.»

Sin Corazón schaute in das Antlitz ihrer geliebten Lehrerin. «Ich war lange Zeit fort, viele viele Leben lang», sagte sie, «doch mir ist, als wäre ich erst gestern fortgegangen. Mein Herz füllt sich mit Schrecken bei dem Gedanken an diese Heirat, denn wir, Julio und ich, sind gefährliche Menschen.»

«Aber in der Liebe seid ihr einander nicht gefährlich. Nur in dieser Liebe wirst du dich wandeln», sagte Jaguarfrau. «Also sage ich dir: ‹Ich gebe dich frei.› Wenn du den Kreis mit Julio vollendet hast, werden wir uns wiedersehen. Du sollst wissen, daß meine Liebe und mein Segen mit dir sind, denn du hast deine Sache gut gemacht. Du hast die verborgenen Wege gefunden, die dich nach Hause führen. Baue deine Zelte wieder auf und lebe innerhalb deines eigenen Kraftkreises. Erst dann können wir unsere gemeinsame Arbeit wiederaufnehmen. In jedem Ende liegt ein Anfang und in jedem Anfang ein Ende. Das ganze Leben ist ein Kreis.»

X

Sin Corazón überkam eine tiefe Ruhe, als hätte sie sich auf neues, ungewohntes Terrain begeben. Sie saß da und ließ eine neue Weisheit und das wohlige Gefühl einer gewissen Befreiung auf sich einwirken, ohne jedoch zu wissen, wozu sie zur Ruhe gekommen war. Viele Dämonen waren erschlagen worden – Dämonen, die sich ihr genähert und sie in Versuchung geführt hatten, denen sie zum größten Teil unbewußt in die dunklen Winkel des Universums gefolgt war. Nun wandelte sie in den Tempeln ihres Herzens und ihres Geistes durch einsame Gänge. Sie suchte Julio, seine Energie, den Ort der Zärtlichkeit, doch drohte ihnen überall Gefahr. Offenbar hatte sie sich mit Julio auf einen ewigen Tanz von Licht und Schatten eingelassen. Sie wartete und staunte, doch erwartete sie wunderbarerweise nichts.

Bei dem Gedanken an Julio wollte sie erst die Flucht ergreifen, aber irgend etwas hemmte ihre Bewegung und hielt sie fest. Als sie versuchte, das Mysterium zu durchdringen, das sie umgab, merkte sie, daß es von einem bestimmten Zug Julios ausging – dem Mörder in ihm, jenem Teil, der aus Stahl war, undurchdringlich, der wußte, was richtig war und was nicht, was wichtig und unabänderlich. Dieser Zug konnte sie vernichten, wenn er beschließen sollte, sich gegen sie zu wenden. Ihr eigener zerstörerischer Hang wiederum hielt Julio davon ab, auf sie zuzugehen und sie ganz zu nehmen.

Es war eine schwierige Situation. Sie wußte nicht, was sie tun sollte. Bewegung war angesagt. Daher verließ sie den Strand, kehrte dem Meer und dem Symbol des Jaguartempels den Rükken, jedoch nicht der lockenden Liebe ihrer Lehrerin. Sie strebte der Wüste zu, weg vom Dschungel, von den Orten der Zauberei, die sie so lange verführt hatten. Sie strebte das Wesen des Wassers an, emotionale Klarheit, Wellen, die nicht dem Auf und Ab von Freud und Leid unterworfen waren. Sie wollte in die Wüste, die einst auf dem Meeresgrund gelegen hatte und nun das vergessene Wesen des Meeres war. Sie harrte der Dinge – nicht im Stillstand, sondern in Bewegung. In der Bewegung war sie kreativ, und mit dieser schöpferischen Kraft entstand ein verführerischer Zauber der Freude und Güte in ihrem Herzen.

XI

Julio schaute vom Hochplateau über die unermeßliche Weite der Wüste. Er beobachtete einen Kondor, der hoch oben in der Luft seine Kreise zog und nach Beute Ausschau hielt. Julio breitete die Arme aus, stand auf und tanzte den Reigen des Kondors, den er in den Ritualen zur Sonnwendfeier von José gelernt hatte. Er umkreiste das Plateau und schlug mit den Armen, als hätte er Flügel. In Trance versunken schloß er die Augen und spürte, wie er von Luftströmungen emporgehoben wurde. Sein Körper levitierte und schwebte in lautloser Zeremonie ein paar Zentimeter über dem Boden. Seine Willenskraft war so stark, daß kein anderer Gedanke Eingang fand, weder an seine Liebe noch an seine Verwirrung. Er war vollkommen vom Geist seines Gottes erfüllt.

Als seine Füße den Boden wieder berührten, hockte er sich erneut auf die Fersen und schaute in die Ferne, wo die Sonne den Horizont erleuchtete. Er dachte an den Kondor und die Raubvögel, die ihm die liebsten waren, an die Falken in seinem Herzen. Was ihn im Leben am meisten stärkte, war das Gefühl der Freiheit – Freiheit, seine Heilkunst zu praktizieren, Freiheit, jederzeit er selbst zu sein, so wie der Kondor, der hoch über ihm kreiste. Der Kondor kannte weder räumliche noch zeitliche Beschränkung, nur das instinktive Verlangen nach Nahrung und Befriedigung. Seine Instinkte machten ihn zu einem Teil des magischen Universums, das ihn umgab. Auch Julio wollte die Freiheit besitzen, immer ohne Einschränkung auf den Strömungen von Magie und Macht emporzutreiben.

Wie konnte er da jemals mit einer Frau leben? Bindungen waren für ihn stets gleichbedeutend mit dem Verlust von Freiheit gewesen. Tief in seinem Innern vernahm er Josés ruhige Stimme. Er erinnerte sich an ein Gespräch mit José und Zoila, die nicht nur körperlich, sondern auch auf geistiger Ebene miteinander verbunden waren. José hatte Zoila gesagt, er habe seine Freiheit, indem er sie verloren habe, für immer und ewig gewonnen. Julio dachte lange über diese Worte nach, denn für ihn kam jede Art von Bindung an einen anderen Menschen, außer an seinen Lehrer, dem Verlust der Unabhängigkeit gleich, was er als eine Art Tod betrachtete. Ähnlich empfand er den Prozeß des immer neuen Werdens in seinem Leben, auf den er nicht verzichten wollte, obwohl das Ende eines Werdegangs, das Erreichen eines Ziels jedesmal eine Art Tod im Leben bedeuteten.

Julio stand auf seinem Plateau, seiner Bergspitze, und schaute auf die Höhepunkte seines Lebens. Dabei fragte er sich, ob er gleich einer Gemse von Gipfel zu Gipfel springen sollte, so daß er die meiste Zeit in der Luft wäre und die Erde nur selten und dann nur flüchtig berührte. War das die Art Bindung, die er eingehen sollte – Sin Corazón flüchtig berühren und sie dann wieder sich selbst überlassen? Er hatte das Gefühl, daß es sowohl für sie als auch für ihn mehr geben mußte.

Wieder dachte er an José und Zoila, die ihre Magie in der Welt sehr unterschiedlich ausübten, die in allen Dimensionen des Universums lebten und sich dennoch in keiner Weise einschränken ließen. Trotzdem waren sie keine formlosen Menschen. José hatte Julio oft vorgeworfen, er habe keine Form, er müsse an irgendeinem Punkt einen Rahmen um das wundervolle Bild seines Lebens ziehen, um ihm Macht und Bestimmung zu verleihen. Julio wußte nicht, ob er diese Lektion in seinem Leben je lernen würde. Im Augenblick hatte er eher das Bedürfnis, von diesem Berg herabzuspringen, in halsbrecherischer Geschwindigkeit die Abhänge hinunter zu rutschen und die Kräfte des Todes und des Lebens auf die Probe zu stellen, so daß das Dilemma der Liebe ihn nicht länger berührte. Vielleicht wäre er diesmal frei, endlich frei für immer, und könnte am nächtlichen Himmel mit den Wolken ziehen.

XII

Während die Raben hoch oben im sanften, unablässigen Wind ruhig ihre Kreise zogen, kreiste Sin Corazón mit ihnen und landete lautlos in der Sicherheit ihres Bewußtseins. Sie lauschte dem Plätschern einer nahe gelegenen Quelle. Als die Morgendämmerung den Horizont mit einem rotgelben Schimmer überzog, erholten sich ihre Sinne von den lähmenden Wanderungen durch die Alpträume, die sie in ihrer Trance und im Schlaf erfahren hatte. Was war geschehen? In Gedanken ließ sie alles, was sie in dieser Nacht gesehen hatte, noch einmal an sich vorüberziehen. Sin Corazón fühlte sich vernichtet, gequält, und gewandelt. Allmählich glitt sie in einen Zustand der Wonne hinüber, der ihr das Gefühl verlieh, wie die Wolken zu segeln. Sie lag im Gras neben dem Teich und beobachtete, wie sie sich über ihr auftürmten. Sie spürte, wie die Energie von Mutter Erde heilend in sie eindrang, und sie ließ ihr Herz im Gleichklang mit dem Puls der Natur schlagen. Die Schwächen und die Machtbesessenheit von früher waren verschwunden, und nach und nach verlor sie ihre Beziehung zu den negativen Kräften, die sie in all den Jahren als die zentrale, beherrschende Triebkraft in ihrem Leben erfahren hatte. Nur wußte sie jetzt nicht, was geschehen würde. Sie, die immer alles hatte beherrschen wollen, hatte die Dinge nicht mehr im Griff. Wenn Julio zu ihr käme, wäre es wie ein Teil der Natur. Er würde wie Ebbe und Flut und wie die Schwerkraft der Dinge kommen. Sin Corazón hatte losgelassen. Vielleicht waren es gerade ihre Bemühungen gewesen, ihn an sich zu ziehen, die ihn von ihr abgehalten hatten. Oder aber es gab nichts, was ihn hier festhielt, und er würde von ihr fortfliegen. Das Gefühl vollkommener Freiheit hatte sich wie ein Kokon um sie gelegt, der einen Schmetterling hervorbringt. Weder Not noch Schmerz waren geblieben, nur das Licht, das sie in sich spürte und das ihr niemand mehr nehmen konnte.

XIII

Irgend etwas stimmte nicht. Der alte Zauberer konnte seine Schülerin nicht finden. Er hatte die ganze Nacht hindurch bis in den Tag hinein Rituale abgehalten. Er war wütend.

«Wie töricht von Sin Corazón, anzunehmen, sie könnte mich je verlassen», murmelte er vor sich hin, während er mit seinem Ritualmesser in einem Baumstumpf herumstocherte. Er schaute zum Himmel empor. Truthahngeier kreisten in Form einer Acht über ihm. Zum ersten Mal in seinem Leben empfand er Mutlosigkeit und Angst – nicht etwa Angst vor Rache oder unmittelbarer Gefahr, sondern Angst davor, daß er vielleicht alt wurde und seine Macht verlor. Er legte die Hände flach auf den Boden, schloß die Augen und spürte, wie die Energie des Sonnentempels in seinen Körper strömte. Das erfrischte ihn und verdrängte die aufkommende Furcht zunächst. Mit der Energie spürte er zugleich eine gewisse Herausforderung. Wer oder was war es? Jaguarfrau, Sin Corazón oder einfach das Leben, das ihn über alle Maßen beanspruchte – stärker vielleicht, als er mit seinen Kenntnissen in der Welt der Magie zu verkraften vermochte?

Er war so tief in Gedanken versunken, daß er die Gewitterwolken nicht bemerkte. Starker Westwind blies ihm ins Gesicht, und bläulich-gelbes Licht zuckte mit ungeheurer Klarheit und Kraft im Dschungel auf. Wie ein Blitzableiter, wie eine Antenne für die Vorboten von Tod und Zerstörung, lud sich sein Messer elektrisch auf, glühte und schmolz vor seinen Augen dahin. Das Messer war sein Stab der Macht gewesen. Das Zeichen war unmißverständlich.

Tief betroffen saß der Alte lange im unheimlichen Schein des brennenden Baumstumpfs, bis das Feuer nur noch schwelende Glut war, die die Hoffnung auf Licht in der Finsternis des Dschungels zunichte machte. Er wußte nun, daß Sin Corazón ihn verlassen hatte. Er würde versuchen, Ersatz zu finden. Sie war für ihn gestorben; er würde ein Ritual abhalten, als hätte eines seiner Kinder die Schwelle des Todes überschritten.

Trotzdem war er noch nicht fertig mit Sin Corazón und Julio. Seine Beziehung zu Sin Corazón war einfach eine andere geworden. Es lag an ihm, sie neu zu definieren.

XIV

Julio und Sin Corazón wanderten über einen Dschungelpfad in der Wildnis von Chiapas. Neben ihnen mäanderte ein Flußlauf, und die Baumkronen über ihnen formten einen leuchtendgrünen, rauschenden Baldachin.

«Julio, soll ich wie ein rohes Ei in deiner Faust zerbrechen, damit ich endlich meine wahre Natur akzeptieren kann? Ist das so?»

Julio führte sie zu ein paar großen Felsbrocken und bedeutete ihr, sich hinzusetzen. Er legte die Arme um sie und zog sie an sich.

«Für mich ist es so einfach, allein zu sein. Wenn ich dem Wind hoch oben in den Kiefern lausche, füllt sich mein Herz mit Liebe, und das reicht mir vollkommen.»

«Willst du damit sagen, daß du niemanden brauchst, nicht einmal mich?»

«Es geht nicht darum, was ich brauche, sondern um meine Beziehung zum Großen Geist oder zu dem, was ich Macht nenne und was andere mit Gott bezeichnen würden.»

Sin Corazón schaute lange auf das Wasser und hatte das Gefühl, daß ihr gemeinsames Schicksal bereits mit dem stetigen Strom flußabwärts trieb.

«Ich habe nie vergessen, wer ich bin, ebensowenig wie du. Du warst immer ein Teil des Großen Geistes und wirst es immer sein. Du erfährst die Liebe zum Großen Geist durch dein Handeln. Sieh dir das Licht auf dem Wasser an. In dieser Strahlung liegt alles, wonach du suchst.»

«Ich kann sie aber trotz ihrer Schönheit nicht zärtlich an mich drücken. Sie ist nicht du, auch wenn sie dein Wesen ausdrücken mag», sagte Sin Corazón in einem Aufruhr von Gefühlen. «Können wir den Pfad der Macht nicht gemeinsam beschreiten?»

«Ja, aber nicht so, wie du denkst.»

«Wie meinst du das?»

«Um zu träumen und zu arbeiten muß ich allein sein. So ist es immer gewesen. Vielleicht wird sich das ändern. Ich stelle keine Fragen – ich handle und ich bin. Ich kenne es nicht anders.»

«Dann wird es Zeit, daß du es lernst.» Sin Corazón stieß ihn in die Seite, und sie lachten.

Während sie schweigend nebeneinander saßen, wunderte sich Sin Corazón, wie stark die Liebe war, die sie für Julio empfand. Trotz der großen Ähnlichkeiten, die sie wie Zwillinge miteinander verbanden, erkannte Sin Corazón in der Art, wie sie selbst Wissen aufnahm, daß grundsätzliche Unterschiede zwischen ihnen bestanden. Ihre Aufgabe würde es sein, dazu beizutragen, die außergewöhnliche Welt der Magie und Macht möglichst vielen Menschen zugänglich zu machen. Der Gedanke war ihr in dieser Form eigentlich zum ersten Mal gekommen. Sie glaubte beinahe die Stimme ihrer Lehrerin im Säuseln des Windes zu vernehmen, die ihre Gedanken in diese Richtung lenkte. «Dem Verlust entspringen große Mysterien von Schönheit und Können», ertönte es tief in ihrem Innern. «Als unser Volk alles verlor, schufen wir eine andere Welt, in die wir uns zurückziehen und die Geistwelten der Schönheit und der Träume erfahren können. Wir werden nie geboren, und wir sterben nie, und unsere Seele empfängt viel Trost aus dieser Erkenntnis. Teile sie allen mit, die wissen wollen. Das ist dein neues Leben. Du bist auf allen Pfaden gewandelt. Nun hilf allen, die am Anfang stehen und unsicher am Rande des Abgrunds balancieren. Du weißt, wie tief sie fallen können.»

Die Stimme verstummte, und Sin Corazón schaute Julio in die Augen, in denen wissende Tränen standen.

XV

Tikal in Guatemala war für Sin Corazón der Ort ihrer Vorfahren. Obwohl kaum noch sichtbare Überreste vorhanden waren, wußte sie, wo sie begraben waren. Sie spürte die Energie, die von dieser Stätte ausging, obwohl ihr Herz schwer war und sie allmählich den Eindruck hatte, daß Julio für sie verloren war, daß es keine Hoffnung gab. Zu viel Zeit lag zwischen ihnen, auch wenn Zeit eigentlich nicht existierte.

Sie wußte, daß sie in der größeren Ordnung der Dinge auf dem Weg zur Erleuchtung einen schwierigen Pfad gewählt hatte, aber sie wußte auch, daß ihr Geistschild außergewöhnlicher Stärkung bedurft hatte. Sie stand kurz davor, den Kontakt zu der ihr innewohnenden Macht zu verlieren, und lief Gefahr, in Besitz genommen und einem Plan einverleibt zu werden, der nicht der ihre war.

Sie erinnerte sich, wie sie vor Jahren auf Yucatán mit Jaguarfrau an den Schilden für die Schwesternschaft gearbeitet hatte. Jaguarfrau hatte sie gebeten, einen besonders hübschen Schild anzufertigen, der sie selbst mit ihrer Schönheit und ihrer Kraft darstellte. Sin Corazón hatte ihre Sache gut gemacht. Sie hatte den Schild auf den Boden gelegt, damit Jaguarfrau ihn betrachten konnte. Eines Abends hatte dann Jaguarfrau ihren eigenen Schild mitgebracht. Sin Corazón erinnerte sich, daß sie den Schild ihrer Schülerin leicht mit dem Zeh angestoßen und mit ihrem eigenen Schild bedeckt hatte.

«Was sagt dir das?» fragte Jaguarfrau sie.

«Ich verstehe nicht», sagte Sin Corazón.

Jaguarfrau hatte ihren eigenen Schild nicht nur über den ihrer Schülerin gelegt, sondern geradezu geworfen, ohne Rücksicht darauf, was Sin Corazóns Schild darstellte, auf seine Schönheit, auf seine Zerbrechlichkeit und seine Vollkommenheit. Sin Corazón sah zu, wie Jaguarfrau die Vollkommenheit des neuen Schilds mit ihrem eigenen zerstörte. Sie trat sogar auf die Schilde und stampfte sie in den Erdboden, wobei sie sagte: «Vergiß nie: Genau das tun die meisten Menschen einander an. Sie legen ihren Schild auf deinen und sagen, er gehöre ihnen. Sie zerstören deine Vision und fordern dich auf, ihre Vision zu leben. Das ist in den meisten Ehen so, in den meisten Beziehungen. Gib acht in deinem Leben und tritt die Macht deines Schildes an niemanden ab.»

Anschließend hatte sie ihren Schild neben den Schild der Schülerin gelegt.

«So sollte es sein. Zwei Schilde fliegen in absoluter Harmonie und in vollkommenem Gleichgewicht gemeinsam durch das Universum.»

Nach vier Tagen kehrte Sin Corazón in ihr kleines Haus zurück und verbrachte die meiste Zeit damit, die Kräuter zu verarbeiten, die sie unterwegs gesammelt hatte. In stundenlangen Ritualen löste sie ihre Verbindung mit dem alten Zauberer und dachte an Julio und Jaguarfrau.

Als es an der Tür klopfte, wurde Sin Corazón aus ihren Tagträumen gerissen. Draußen stand ein kleiner Junge, der einen großen Umschlag in Händen hielt. Er überreichte ihn ihr und verschwand blitzschnell im Schatten. Sie wußte sofort, daß die Nachricht von Julio kam. Sie betrachtete den Umschlag, berührte ihn, legte ihn vor sich auf den Tisch und setzte sich eine Zeitlang mit geschlossenen Augen davor, denn sie fürchtete sich vor dem Inhalt. Schließlich, als die Sonne hinter dem Horizont verschwunden und das Zimmer in dämmriges Dunkel getaucht war, öffnete sie den Brief. Sie trat ans Fenster und hielt ihn ins schwindende Tageslicht. Es war in der Tat eine Nachricht von Julio, und sie war ihm nicht gerade leichtgefallen. Als sie zu lesen begann, hatte sie ein flaues Gefühl im Magen. Es war kein Abschiedsbrief, eher eine Art Versprechen. Es war die Rede von einer langen Verbindung mit der Einsamkeit, von Raum und Freiheit und schließlich von einer Zeit der Trennung. Er teilte ihr mit, er benötige Zeit, um gewisse Verpflichtungen zu lösen. Er habe sich nie vorstellen können, jemals einen Hausstand zu gründen. Er fühle sich ihr nicht ebenbürtig, schrieb er. Er habe das Gefühl, sich an den heiligen Traum zu verlieren, den sie miteinander geschaffen hatten, aber er müsse stärker werden und seinen Weg zu ihr finden. «Denn diesmal», schrieb er, «suche ich nach einer namenlosen Identität, die außerhalb meiner Reichweite schimmert, einer Identität, die immer da war, die ich aber geleugnet habe.»

Sin Corazón legte den Brief ab und zündete eine Kerze an. Sie schlenderte durch ihre Adobehütte und betrachtete die Ikonen in den Nischen. Tränen liefen ihr über die Wangen. Sie beweinte die Einsamkeit, die Trennung, die Leere, die in Julios Abwesenheit entstanden war, wußte aber zugleich, daß es noch nicht vorüber war. Sie wußte, was sie wollte, und teilte es ihm in ihrem Antwortbrief mit. Gleichzeitig bat sie ihn, er solle nach ihr rufen, wenn er Klarheit erlangt habe.

Sie trat ins Freie und schaute zu den hoch aufragenden Kautschukbäumen empor, deren breite Blätter im Mondlicht glänzten. An den Ästen rankten blühende Orchideen, die in der Dunkelheit purpurn schimmerten. Die Blüten fingen den Glanz des Mondes ein, der hin und wieder durch die Wolken leuchtete. Eine Zeitlang versetzte sich Sin Corazón in einen dieser Bäume. In Gedanken wanderte sie durch die Äste. Dann, am Rande einer Lichtung, konzentrierte sie ihre Willenskraft auf eine Stelle unterhalb ihres Nabels. Wie immer brauchte sie ein wenig Zeit, um ihre Macht und Energie zu sammeln. Langsam schuf sie eine Energiebahn. Mit Hilfe ihrer Willenskraft, ihrer Konzentration und ihrer Macht war sie in der Lage, eine Lichtröhre auszusenden, mit der sie über die Felsen und die niedrigen, vom Mondlicht beleuchteten Büsche fuhr und die sie schließlich auf einen riesigen Baumwollbaum auf der gegenüberliegenden Seite der Schlucht richtete. Plötzlich begann sie ganz bewußt zu fliegen, nicht im Traum. Sie hatte keine Erklärung dafür. Sie durchschritt das Tor zu jener besonderen Welt, deren Wächter in schimmerndem Licht schweben und lehren. Durch die Röhre aus leuchtenden Fasern, die aus ihrem Bauch trat, überquerte sie die Schlucht. Sie trat auf der anderen Seite hoch oben in dem Baumwollbaum wieder hervor und betrachtete die Welt zu ihren Füßen.

Wer in dieser Nacht auf der Lichtung gewesen wäre, hätte einen jungen Jaguar auf einem Ast liegen sehen, der sich die Pranken leckte und offenbar seine Körperkraft und seine Alleinherrschaft im Wald genoß. Zum ersten Mal seit langer Zeit hatte Sin Corazón ihre Kräfte wieder spielen lassen. Die Beziehung zu Julio hatte sie der Welt, in der sie sich auskannte, entrissen. Nun hielt sie es für angebracht, in bekanntes Terrain zurückzukehren, nicht jedoch von einem Ort der Dunkelheit aus, sondern von einem Ort der Freude.

Wie ihr Totemtier schwelgte sie in ihrer Schöpferkraft. Sie sprang vom Baum herab. War sie eine Frau, eine Katze, eine Medizinkatze? Wer war sie? Wer legte ihre Identität fest? Wer kannte ihren Wesenskern? Zunächst hatte sie dieses Wesen teilen wollen, dieses Strahlen. Vielleicht war die Idee nicht so gut gewesen. Während sie diesen Gedanken folgte, sprang sie über einen Wildpfad. Ihr Rücken scheuerte an tiefhängenden Ästen entlang, und die Feuchtigkeit des Abends näßte ihr Katzenfell mit Tau. Sie liebte ihre Macht. Sie liebte ihre Wildheit, von der sie sich nie trennen würde – nicht einmal für Julio, für niemanden. Zum ersten Mal sah Sin Corazón ein, daß sie ihre Macht nicht aufgeben mußte, wenn sie die dunklen Pfade verließ. Sie verletzte niemanden, sie stiftete kein Unheil damit, sie freute sich nur an dem Wissen, das sie erworben hatte, das ihr Leben war. Sin Corazón hatte im Mutterboden und in den Fasern der Liebe sich selbst erkannt. Jetzt war es an der Zeit, zu ihren Schwestern zurückzukehren, zur Schwesternschaft der Schilde und zu ihrer Wohltäterin, Jaguarfrau. Zeit, ihre Stellung im Weltkreis von Macht und schöpferischer Kraft einzunehmen.

Diesmal kam Sin Corazón nicht in ihrer Geistgestalt, sondern als Frau zum Jaguartempel der Sonne. Sie hatte einen Korb voller Früchte und Brot mitgebracht, sowie etwas Likör und Wasser, Zucker und Kopalharz und andere Gegenstände, die ihrer Lehrerin heilig waren. Es war ein langer Weg bis zu dem versteckten Tempel, und zeitweise hatte sie Schwierigkeiten, ihn zu finden, denn der Dschungel hatte ihn überwuchert, aber sie war schon bald von seinem Kraftfeld angezogen worden.

Seit ihrem Aufbruch in Tikal waren einige Tage vergangen. Die Sonne schien ihr warm auf den Rücken. Feuchtigkeit lag in der Luft, und der Boden unter ihren Füßen fühlte sich klamm und hart an.

Tief atmete Sin Corazón die berauschende Luft ein. Sie ging um den Tempel herum, sich mühsam einen Weg durch das Unterholz bahnend, und stimmte ihr Machtlied an, mit dem sie ihre Lehrerin rief. Es war ein Klagelied, das ihren Schmerz verriet, denn es hatte Augenblicke gegeben, in denen sie Julio über alle Maßen des Erträglichen vermißt hatte. Die Intensität der Gefühle war ihr neu. Sie versuchte, ihre Aufmerksamkeit davon abzulenken, und fragte sich, was das Schicksal wohl für sie bereithalten mochte.

Sie setzte sich vor einen unscheinbaren Hügel, der unter Lianen und modernden Pflanzen beinahe verschwand. Hier befand sich die Tür zum Tempel. Riesige Bäume breiteten einen Baldachin darüber aus, alle Arten von Vögeln und Dschungeltieren riefen, zwitscherten, lachten und gingen ihren Beschäftigungen nach. Sin Corazón saß wartend im Schatten eines Kautschukbaumes und versetzte sich tief ins Zentrum ihres Bewußtseins. Der Tag zog ins Land. Jaguarfrau würde kommen, sobald der Mond seinen höchsten Stand erreicht hatte – zu keinem anderen Zeitpunkt. Als der Mond sich dem Zenit näherte, wurde Sin Corazón von neuer Kraft erfüllt. Sie spannte die Muskeln an und war bereit. Eine Macht pirschte sich heran. Sie war sich der Kraft ganz und gar nicht sicher, denn es war zu lange her. Als sich das Blattwerk sacht zu regen begann, schreckte sie auf. Zu ihrer Verwunderung teilten sich die Wurzeln und die verschlungenen Pflanzen auf dem Hügel, und die Steine der uralten Tempeltür rollten zur Seite. Jaguarfrau war die ganze Zeit im Tempel gewesen. Vielleicht hatte sie die Kraftfelder ihrer Schülerin überprüft. Vielleicht hatte sie Sin Corazón absichtlich warten lassen, damit sie auf diese Begegnung vorbereitet war.

Sin Corazón erhob sich und verharrte. Kerzenlicht flackerte in der Dunkelheit auf, und Jaguarfrau trat in die Öffnung, die Jaguarmaske vor dem Gesicht. Sie war wunderschön geschnitzt und bemalt – ein Ausdruck reiner Macht. Es war der schönste rituelle Gegenstand, den Sin Corazón je gesehen hatte. Die Maske befand sich seit alters her im Besitz der Schwesternschaft und hatte häufig Erschütterungen verursacht, da die Gegner der Schwesternschaft versucht hatten, sie zu rauben.

Jaguarfrau schuf mit ihrer Willenskraft und einer bestimmten Bewegung der Arme und Hände einen Machtstrudel und rieb ihre Schülerin mit Kopalharz ein. Von Kopf bis Fuß war sie in Rauchschwaden gehüllt. Sin Corazón brach in Tränen aus. Sie war nicht sicher gewesen, ob Jaguarfrau sich zeigen würde. Nun wußte sie, daß sich ihr Traum erfüllte. Sie wiederholte die Worte, die sie im Traum gesprochen hatte. Sin Corazón war ein vagabundierender Dämon gewesen und konnte sich in diesem Augenblick nicht vorstellen, was ihre Lehrerin tun würde. Jaguarfrau war keine freundliche alte Großmutter, die sich freute, ein Kind wiederzusehen, das lange fortgewesen war. Die Haltung, die sie ihrer Schülerin gegenüber einnahm, zeugte davon, daß sie erzürnt war. Sin Corazón begab sich auf eine Reise, die sie vielleicht nicht überleben würde.

Als sie mit Jaguarfrau den Tempel betrat, hatte Sin Corazón Angst. Doch sie hatte sich mit der Neubestimmung ihrer selbst abgefunden, und es hatte den Anschein, als gäbe sie sich ihrer Lehrerin hin, wie man sich einem Gott hingibt. Sin Corazón legte ihr Schicksal in die Hände ihrer Lehrerin.

«Ich überreiche dir diesen Korb in aller Bescheidenheit, aus tiefstem Herzen und mit der gebührenden Achtung, Liebe und der Gnade der Umwandlung. Ich bin in deiner Gewalt. Wie ich dir schon sagte, kannst du mit mir nach Belieben verfahren, denn wenn ich von einem Ort des Mangels komme, wenn ich meine Integrität und mein Gefühl für das Gute und die Wirklichkeit verloren habe, dann steht es mir nicht mehr zu, weiterzuleben. Ich weiß, daß du mich auf eine Weise umwandeln wirst, die dir angemessen erscheint.»

Sie setzte sich vor ihre Lehrerin, das Herz weit geöffnet, äußerst verletzlich und in absolutem Glauben und Vertrauen. Sie legte großen Wert darauf, von ihrer Lehrerin geführt zu werden, wußte sie doch, daß Jaguarfrau das für ihre Entwicklung Richtige und Angemessene unternehmen würde. Während Jaguarfrau auf ihre Schülerin zutrat, wurde dieser für den Bruchteil einer Sekunde bewußt, daß ihr Leben in Gefahr sein könnte. Sie hatte das Gefühl, als könnte ihre Identität mit dem Hieb einer riesigen Jaguarpranke vom Antlitz der Erde hinweggefegt werden. Aber dieser Augenblick ging vorüber. Dann strömte ihr reine Liebe entgegen und hüllte sie ein wie die Rauchschwaden des Kopalharzes.

Jaguarfrau nahm die Maske ab und legte sie rechts neben sich auf eine Altarstufe. Sie zündete eine Kerze an. Sin Corazón beobachtete ihr Gesicht mit bangem Herzen. Immerhin hatte sie nicht nur das Mitleid, sondern auch den Zorn ihrer Lehrerin erregt. Jaguarfrau, deren faltige Gesichtszüge sich in dem aus einer runden Öffnung in der Gewölbedecke fallenden Licht zu glätten schienen, schaute ihre Schülerin nicht an, sondern schloß die Augen, um sich in das außerordentliche Universum ihrer Seele zu begeben. Ihre schneeweißen Haare waren zu einem Knoten im Nacken zusammengefaßt. Ihre bronzefarbene Haut schien zu strahlen und vor lebendiger Energie zu sprühen.

Als Jaguarfrau zu sprechen begann, schien das Licht durch ihren Körper hindurch zu schimmern. Sin Corazón hatte fast den Eindruck, als würde sie vor ihren Augen durchsichtig, als wollte sie in andere Welten gleiten und vielleicht die Beziehung zu ihrer Schülerin abbrechen. Nach den ersten Worten war sich

Sin Corazón jedoch sicher, daß ihre Lehrerin noch immer für sie da war.

«Trotz allem, was du in dieser Welt getan hast», sagte Jaguarfrau bedächtig und mit einer tiefen Stimme, die Sin Corazón so noch nie vernommen hatte – eine Stimme aus einer anderen Zeit, «der Pfad, den du gewählt hast, meine Tochter» – diese Anrede trieb Sin Corazón Tränen in die Augen; sie hatte sie jahrelang nicht gehört – «dein Pfad der Dunkelheit hat dich zu den Wurzeln des Mysteriendschungels geführt, tief hinein in die Unterwelt. Bist du den Wesen der Unterwelt begegnet, die du treffen wolltest?» Jetzt schlug sie die Augen auf und schaute Sin Corazón an.

Sin Corazón dachte eine Zeitlang über die Frage nach. «Ja», erwiderte sie schließlich. «Ich bin in jener Welt vielen rätselhaften Verbündeten begegnet. Ich habe sie kennengelernt und mit ihnen getanzt, und ich habe sie verlassen. Ich habe dort keine Bindungen mehr. Ich habe in der Welt der Dunkelheit keine Vereinbarungen, denen ich nicht nachkommen könnte oder die ich noch einhalten müßte.»

Jaguarfrau wußte, wovon ihre Schülerin sprach. Sie kannte die Vereinbarungen, die nicht nur in diesem Leben, sondern auch in den Geistwelten zwischen Energieformen getroffen werden, und seufzte tief. Sie erhob sich von ihrem Sitz des Vergessens und der Erinnerung. Eine Zeitlang schritt sie scheinbar ziellos durch die Höhle. Dann wandte sie sich um und betrachtete Sin Corazón so eindringlich, daß diese vor der Kraft des Blickes zurückprallte.

«Aber eine Vereinbarung hast du noch», sagte Jaguarfrau.

Sin Corazón fürchtete sich, ihre Lehrerin zu fragen, um welche es sich handelte, und empfand ihre Unwissenheit zunächst als verwirrend.

«Ich sehe, du bist verwirrt», sagte Jaguarfrau. «Bedenke, meine Tochter, daß Verwirrung das einzig Böse in diesem Leben ist, egal, welchen Weg du verfolgst. Wenn du einen Krieg gegen ein anderes Wesen austrägst und mit den Messern des Lichts und der

Dunkelheit kämpfst und du nur für einen Augenblick im Zustand der Verwirrung innehältst, kann es dein letzter Augenblick sein, denn das ist die Art der Verletzlichkeit, die du dir nicht leisten kannst. Im Gegensatz zum Schild der Unschuld ist der Schild der Verwirrung nicht gut. Du hast noch eine Vereinbarung. Du solltest wissen, daß du in dieser Welt niemals etwas nimmst oder schaffst, wofür du nicht zahlen mußt. Und jetzt mußt du für deine Entscheidung, die du vor langer Zeit an der Wegkreuzung getroffen hast, zahlen. Der Grund für diese Entscheidung war deine Leidenschaft. Sie war dein Schmerz und dein Kummer. Es gibt keinen Gram, der je rechtfertigen könnte, was du getan hast, meine Tochter. Nicht, daß ich dich nicht verstehen würde oder kein Mitleid empfände für das, was du erfahren hast. Aber was ich sage, ist die Wahrheit, und sie ist Gesetz. Trotz allem, was du getan hast, hast du das Karma dieser Taten durchlebt. Aber du hast für deine Entscheidungen noch nicht bezahlt.»

Sin Corazón weinte. Die Worte ihrer Lehrerin lasteten schwer auf ihr und quälten sie. Jaguarfrau hatte wieder Platz genommen, den Kopf gebieterisch erhoben – einer Göttin gleich, der schmerzhaft bewußt wird, daß Vergeltung geübt werden muß. Ihr Platz war im Kreislauf des ewigen Gesetzes, an der Stelle der heiligen Null, und sie wußte, daß alles addiert und über alle Zeiten hinweg zusammengetragen wird, daß alles eine Summe hat.

Sin Corazón hörte auf zu weinen. Sie sammelte sich und dachte daran, daß die Vergeltung auch den sicheren Tod bedeuten konnte. Als das Schweigen indes anhielt, wurde ihr bewußt, daß sie die Antwort irgendwo in sich finden mußte. Sie überwand ihren Schreck und ließ die wilden Gedanken an lebenslange Todesqualen, die man ihr zufügen könnte, hinter sich. Am schlimmsten war die Vorstellung, Jaguarfrau könnte ihre Schülerin sich selbst überlassen. Doch dann fiel es ihr wie Schuppen von den Augen, und sie rang nach Luft. Sie sah ihre Lehrerin mit schmerzverzerrter Miene an, denn sie wußte nicht, ob sie es überleben konnte oder ob sie es überhaupt wollte.

Jaguarfrau, die ihre Gedanken gelesen hatte, sagte ruhig: «Du mußt leben, und du wirst leben, und du wirst lernen, dich auf den nächsten Tag zu freuen».

Denn Sin Corazón war die Erkenntnis zuteil geworden, daß Julio nicht in der Weise an ihrem Leben teilhaben konnte, wie sie es sich erträumt hatte. Jaguarfrau wünschte, daß sie ihren Kummer noch vertiefte, so daß sie am Ende vielleicht imstande war, wahre Liebe zu Julio zu entwickeln. Andernfalls wären sie unwiederbringlich für einander verloren.

Sin Corazón konnte im ersten Moment nicht glauben, daß sich der Kreis geschlossen hatte. «Aber, Jaguarfrau, genau an dem Punkt habe ich mich damals verirrt. Es war aus Kummer über meinen Mann. Ist es denn möglich, daß sich das Ganze wiederholt?»

«Ja, denn du hast beim ersten Mal deine Lektion nicht gelernt», sagte die alte Frau. «Das ganze Leben besteht aus Lektionen. Auch wenn wir ihrer überdrüssig sind und nichts mehr lernen wollen, wenn wir am liebsten laut schreiend in die Nacht hinauslaufen würden, müssen wir noch lernen. Es bleibt uns nichts anderes übrig. Dafür haben wir uns auf der physischen Ebene entschieden. Wir sind nicht hier, meine Tochter, um einfach glückliche, friedfertige, wunderbare Wesen des Lichts zu sein. Wir werden erst dann zu jenen wundervollen, strahlenden Wesen, wenn wir gewachsen sind und die Lektionen gelernt haben. Meinst du, ich hätte nicht gelitten? Meinst du, ich wäre weise geworden, ohne die zahlreichen Scheidewege beschritten zu haben?»

Sin Corazón blickte auf und nickte. «Ich verstehe, meine Lehrerin.» Sie richtete sich kerzengerade auf. Tränen flossen ihr über die Wangen. Sie neigte sich nach vorn, als wollte sie den Kopf in die Steinschale von Chac-Mool legen, bereit für das uralte Blutopfer der Maya. Wenn man sie enthaupten und ihr das Herz aus der Brust reißen würde, könnte ihr Schmerz nicht größer sein, aber dann wäre wenigstens alles vorbei. Das, worauf sie sich eingelassen hatte, würde jedoch nie aufhören. Das war ihr ebenso klar wie die Tatsache, daß sie diese Reise als Kriegerin unternehmen mußte – stark, mächtig und stolz. Man hatte ihr eine neue Chance gegeben.

«Eins muß ich wissen. Kann es sein, daß dies alles von der Schwesternschaft geplant wurde? Daß nicht nur mein Mann, sondern auch Julio in mein Leben gesetzt wurden, um mich in irgendeiner Weise auf die Probe zu stellen?» Der Gedanke allein war so entsetzlich, daß Sin Corazón ihn gleich wieder verwarf.

Jaguarfrau lachte laut auf, aber das Lachen kam von Herzen. Dann wurde sie ernst: «Es gibt nichts in diesem Leben, was nicht bis zu einem gewissen Grad geplant ist. Alles, was uns zustößt, gehört immer in ein größeres Bild. Aber es ist natürlich undenkbar, du oder jemand anders wäre so wichtig, daß das Leben anderer Menschen zugunsten deiner Unterweisung auf den Kopf gestellt würde. Richtig ist aber, daß es auf anderen Ebenen der Realität eine Vereinbarung gibt, die zwischen all jenen Menschen getroffen wird, die du jemals im Verlauf deines Daseins kennengelernt hast.

Solange dein Geistschild durch das Universum fliegt und die Staubpartikel der Schöpfung und der Erfahrung sammelt, existiert immer eine Übereinkunft. Es ist ebenso töricht zu glauben, dein Geistschild wirble gedankenlos und ziellos in die Welten von Licht und Dunkelheit, wie die Mächte der Götter und Göttinnen um dich herum existierten nicht.

Daß die Schwesternschaft der Schilde ohne eine andere Gruppe von weisen Menschen dich in einer so teuflischen Weise umgarnen würde, wie der alte Zauberer es dir angetan hat, ist unvorstellbar. Du hast dich in einem Netz verfangen, das deine Erfahrung eingeschnürt hat. Das Gewebe aber hast du selbst gewoben und entworfen. Niemand außer dir ist für die Bedrohungen verantwortlich. Sie sind dein Werk, du hast alles selbst gewählt. Ich bin nur ein Zählwerk der Zeit in der Geschichte. Ich zähle deine Zeit, deine Verkörperungen und deine Fähigkeiten, und ich helfe dir zu sehen, was du nicht sehen kannst, wonach du dich aber sehnst – nicht nach physischen, weltlichen Reichtümern, sondern nach dem Geist.

Ich bin Jaguarfrau, weil vor langer Zeit, als unser Volk zerstört wurde, der Geist im Jaguar weiterlebte, so heißt es. Ich lebe weiter als der Geist meines Volkes. Ich bin Jaguarfrau. Du, meine Tochter, trägst diesen Geist als deinen Verbündeten. Du spielst mit dem Körperlichen, aber auf geistiger Ebene ist diese Reise sehr ernst, letzten Endes aber auch humorvoll.»

Jaguarfrau streckte die Arme aus und ergriff Sin Corazóns Hände. Sie zog sie zu sich heran und umarmte sie kurz. Die Nacht hatte den Tempel in tiefe Schatten getaucht. Die sonnengebräunte Haut schien dunkelblau wie die Sterne, die sie so gut kannte und deren Licht ihre Geistschilde ebenso durchdrangen wie ihre Haut, deren Wissen auch ihr Wissen war. Die uralte Geschichte ihres Volkes hatte sich in ihre Gesichtszüge und in die Linien ihrer Hand eingeprägt. Sie hatte zu ihrer Schülerin gesprochen, aber sie hatte ihr keine Anweisung erteilt.

«Die Zeit ist noch nicht reif», sagte sie einfach. «Deine Zeit ist noch nicht gekommen, etwas anderes zu tun, als im Zentrum deines eigenen Kraftkreises zu sitzen und die Richtungen deines Lebens zu studieren, deine Schilde, die Wegkreuzungen, an denen du in diesem Augenblick stehst. Du mußt vieles entscheiden, und du mußt diese Entscheidungen mit der größtmöglichen Redlichkeit treffen. Kehre also in dein Dorf zurück. Zu deinen Träumen. Stärke deine Geistgestalt, meine Tochter, denn du wirst sie in naher Zukunft brauchen. Ich werde dich besuchen. Du mußt mich nicht wieder aufsuchen. Ich werde in deinen Träumen zu dir kommen, und ich werde dich in den Tagen dieses Mondes auf viele verschiedene Arten aufsuchen. Du wirst mich sehen, und wir werden zusammen arbeiten. Wir werden die Scherben deines Geistes zurückholen, die ziellos auf der Suche nach ihrer Heimat im Universum umherfliegen. Die Liebe zu dir erfüllt mich.»

Sie legte eine Faust auf das Herz. Sin Corazón schloß die Augen und verneigte sich in grenzenloser Achtung vor ihrer Lehrerin. Sie würde Jaguarfrau bald wiedersehen. Bis dahin hatte sie viel Arbeit vor sich, die sie in aller Stille und im Schweigen ihres Seins erledigen mußte.

XVI

Während Sin Corazón in sich ruhend wartete, gewann sie zunehmend Abstand von den Dingen. Mit dieser Gelassenheit tauchten die Beziehung zu Julio und ihr bisheriges Leben so klar wie Sterne am dunklen Himmelszelt vor ihr auf – hell, funkelnd, unergründlich und unberührbar. Was sie vom Leben wollte, schien ebenso außer Reichweite wie die fernen Sterne. Und doch leuchteten sie so hell und klar, daß sie den Eindruck gewann, sie wären ein Teil von ihr. Zuweilen fragte sie sich, wie ihr Leben jetzt mit ihrer Liebe zu Julio aussehen könnte. Aber warum kam er eigentlich nicht zu ihr?

Wozu diese Distanz? Sollte sie etwas lernen, dessen sie sich nicht bewußt war? Oder hatte Jaguarfrau gemeint, sie würde Julio nie wiedersehen? Sie hatte nicht das Gefühl, als hätte Julio seine Energie von ihr abgezogen, sondern als stagnierte diese Energie, als hätte sie sich niedergelassen und käme nicht mehr vom Fleck. Als Magierin wußte sie, daß Energie an Kraft und Antrieb verliert, sobald sie stagniert; das Leben schwindet dahin. Sie fragte sich, ob der alte Zauberer ihn aufgesucht hatte. Am liebsten wäre sie losgerannt, hätte auf Julio eingeschlagen und ihn verletzt. Oder ihn einfach ohne Abschied verlassen. Bei diesem Gedanken jedoch legte sich erneut Dunkelheit über sie. Fortzugehen, ohne den Kreis zu schließen, wäre gleichzusetzen mit dem Verlust all dessen, was sie gelernt und was sie sich so hart erkämpft hatte. Denn niemand kann einen anderen beherrschen außer sich selbst. Hat man einen Menschen fest im Griff, verliert man genau das, was man angestrebt hat; man kann nie sicher sein, ob sich der andere nicht auch freiwillig untergeordnet hätte.

Sin Corazón ließ Julio genügend Raum, den er füllen oder leer lassen konnte. Vielleicht aber tat Julio genau dasselbe und wartete auf sie. Doch sie wurde das Gefühl nicht los, daß er den nächsten Schritt tun und das Spiel von Macht und Energie vergessen mußte. Es war wichtig für sie, ihn als Mann zu respektieren und zu lieben. Trotzdem verlor sie tief in ihrem Herzen allmählich die Achtung vor Julio. Sie hatte seinen wunden Punkt gefunden. Aber sie handelte nicht wie eine Zauberin, die an dieser Stelle nachbohren würde, um festzustellen, was dort zu finden war, sondern hielt sich fern. Sie wollte kein Unheil über ihn bringen. Sie wollte ihn nicht beherrschen und keine Rache an ihm üben. Sie richtete sich in ihrer Liebe zu ihm ein und beobachtete den Tumult, das Chaos und das Auf und Ab, den Tod und die Wiedergeburt in der Natur. Sie spürte, wie die Sterne, die Sonne und der Mond vorüberzogen. In ihr war der Beginn des Lebens und der Vegetation, die Liebe und der Instinkt der Tiere, die Selbstsucht, die Gier, die Freude am Menschsein.

In einem anderen Selbst, das stolz und stark und unerschrokken war, harrte sie der Dinge – aber nicht wie eine Zielscheibe, die auf den Pfeil wartet. Sie wartete darauf, daß ihr die Bedeutung dieser Lektion klar würde.

Nach vielen Jahren begann sie endlich wieder Vertrauen zu schöpfen. Sie glaubte an das Gute, an die Macht des Großen Geistes und der Muttergöttin und an alles, was Jaguarfrau sie gelehrt hatte. Als sie das Bild ihrer Liebe zu Jaguarfrau und zu anderen Menschen, denen sie vor langer Zeit begegnet war, heraufbeschwor, entspannte sie sich allmählich. Ihr wurde bewußt, daß niemand etwas tun kann, um den Lauf der Dinge zu ändern. Wir können uns von Mißhandlung fernhalten, von Unheil, von drohender Gefahr, aber in Herzensangelegenheiten, wenn man von Liebe erfüllt ist, die erwidert wird, gibt es verschiedene Formen des Wartens.

XVII

Jaguarfrau saß unter einer Gruppe von Dschungelbäumen und sah Sin Corazón unverwandt an, wie immer, wenn sie einen Standpunkt darzulegen versuchte. «Sich zu entscheiden bedeutet, die Macht zu teilen. In gewisser Weise hat man nie die Wahl. Im Universum gibt es nur das eine – Liebe.» Sie stand auf, griff nach einem Ast und brach ihn ab, daß es laut knackte.

«Ist der Baum jetzt stärker?» fragte sie.

«In mancher Hinsicht ja», sagte Sin Corazón, «in anderer wiederum nicht.»

«Richtig», sagte Jaguarfrau. «Selbst wenn du den Ast vom Baum trennst, hast du das Leben noch nicht von seiner Ganzheit getrennt. Wenn du dich zwischen zwei Männern entscheidest, hast du dich nicht gegen das Leben als Ganzes entschieden. Du triffst eine Wahl, die mit deiner Integrität und mit deinem Platz in der Welt zu tun hat. Deine Entscheidung richtet sich nicht nach den Gefühlen anderer, vielmehr danach, wer du in dieser Welt zu sein glaubst.»

Sin Corazón erlebte, wie es sich anfühlt, nachzugeben, sich einfach den Kräften des Universums zu überlassen, jenen Kräften, die uns Leben einhauchen, gemeinhin bekannt als das Schicksal oder der Große Geist. Sie ließ diese Kraft wie einen Fremden in einem fremden Haus durch sich hindurch ziehen, und doch war ihr diese Kraft nicht fremd. Sie hatte ihr gegenüber nur eine andere Haltung eingenommen, die ihr bisher unbekannt gewesen war. Ihr Standpunkt hatte sich verändert, und sie erkannte, daß die Macht eines Standpunktes zu den wichtigsten Dingen gehörte, die sie bisher erfahren hatte. Es hörte sich so simpel an, daß sie lachen mußte. Mit der Veränderung des Standpunktes trat das Leben aus der Dunkelheit und verwandelte sich in Magie, verwandelten sich Schwäche und Schmerz in Macht und Ruhe. Statt sich nach Julios Gegenwart und seiner Berührung zu verzehren, zog sie es vor, sich ihrem verwundeten Geist zu widmen, sich zu pflegen und grenzenlos zu lieben. Mit einem Mal gab es kein Unheil mehr. Kein Verlangen, nur noch Raum und Warten. Wenn dieser Raum leer bliebe, gäbe es nur noch das wonnevolle Gefühl, den Großen Geist in sich zu erfahren. Julio hatte diese Hoheit widergespiegelt, wie sie nur der wahren Liebe und dem Geist zu eigen ist.

Nach und nach entspannte sich Sin Corazón vollkommen, bis sie das Gefühl hatte, Wissen erlangt zu haben, das weder in Worte noch in Sätze oder irgendeine Form gekleidet war. Es war ein Wissen, das wie eine Wolke vom Horizont heraufzog und sie umhüllte. Sie lehnte sich zurück in dem Gefühl, der Großen Mutter in die Arme zu sinken, die sie festhielten und beschützten.

XVIII

Das majestätische Profil des Berges hob sich schwarz, purpurn und golden vom Abendhimmel ab. Sacht wiegten sich die Bäume in der Abendbrise. Alles war, wie es immer war. Die Bäume rauschten. Die Vögel zwitscherten. Die Erde war feucht und warm. Die Luft, die sie einatmete, war genauso, wie sie gestern gewesen war und wie sie morgen sein würde. Doch in diesem Augenblick, da sie vor Julio saß, der völlig unerwartet aufgetaucht war, stand die Zeit für sie still. Innerlich bebte sie wie ein riesiger Eukalyptusbaum bei starkem Wind, aber nach außen hin war sie ruhig und gefaßt. Julio hingegen in seiner aufgelösten Erscheinung schien ihr fremd. Die Haare standen ihm wirr vom Kopf. Seine Haut wirkte ungesund. Die Kleidung war zerknittert, und er erweckte den Eindruck, als wäre er nur unter größten Mühen durch seine innere Welt gewandert. Sie wollte ihm die Hände reichen, ihn in die Arme schließen, aber irgend etwas hielt sie zurück. Sie schwieg und wartete auf seine Worte, die ihm offenbar nur zögernd über die Lippen kamen. Er wandte den Blick ab und betrachtete die dunklen Gewitterwolken am Horizont, die auf San Cristóbal zukamen. Ein starker Blitz ging nieder und ließ einen Berggipfel smaragdgrün, gelb und orange aufleuchten. Julio wirbelte herum und schaute Sin Corazón an. In seinem Blick lag so viel Liebe, daß ihr die Tränen kamen.

«Ich habe mich in einem Eingang geirrt», sagte er, «in einer Zeitfalte. Ich habe geträumt, ich könnte ewig in den Hallen und Gängen der Träume wandeln, meinen Körper beibehalten und in meiner Geistgestalt leben. Aber du hast mich verändert. Als ich in jener Nacht dein Spiegelbild im Teich in mich aufnahm, als wir dem Zauber der Götter erlagen, warst du nicht die einzige, die verschlungen wurde. Auch ich habe offenbar eine Vereinbarung getroffen, die ich nicht verstehe.»

«Es gibt alte Götter, denen Blutopfer dargebracht wurden», sagte Sin Corazón. «Wie oft wurde ich auf diese Opferaltäre gelegt! Ich habe das Schwert geführt, und ich war das Opfer, aber noch nie habe ich mich so gefürchtet wie jetzt. Auch ich kann nicht verstehen, warum Liebe so viel Schmerz bereiten muß.»

Julio atmete tief ein und reichte Sin Corazón die Hand. Er berührte ihre Finger und streichelte sie zärtlich, führte sie an seine Stirn und dann zum Herzen.

«Ich muß dir ein paar Dinge sagen», sagte er. «Es kommt nicht oft vor, daß man jemanden kennenlernt, der bereit ist.»

Sin Corazón hob die Augenbrauen, als hätte sie nicht richtig verstanden. Julios Miene hellte sich auf, und die Falten in seinem Gesicht schwanden zusehends. «Es passiert nicht oft, daß jemand bereit ist, berührt zu werden, und ich berühre dich.»

«Wie meinst du das?» fragte Sin Corazón.

«Ich verändere dich.»

Lange schauten sie sich in die Augen. Mit ihrer seherischen Kraft suchte Sin Corazón nach einem Hinweis auf finstere Manipulation. Sie war sich nicht sicher, ob sie diesen Schatten nicht doch irgendwo am Rande ihres Wahrnehmungsvermögens bemerkte.

Schließlich sagte Julio: «Du wirst herausgefordert.»

Sin Corazón zuckte zurück, als hätte sie jemand bedrängt. Sie beobachtete das Spiel von Licht und Schatten auf seinem Gesicht, das jetzt von einem verführerischen Lächeln erhellt wurde. Das befremdete sie, denn er schien nicht ehrlich, und es quälte sie und schreckte sie zugleich ab.

«Worauf willst du hinaus?» wollte sie wissen.

«Ich habe das noch nie in Worte gekleidet», sagte Julio. «Ich kann es auch nicht so gut, aber ich möchte, daß du verstehst, was hier geschieht. Du weißt, daß ich von etwas ganz Besonderem rede – von *Nagual*, das weit jenseits der physischen Welt liegt, jenseits unseres Verständnisses.»

«Ja», sagte Sin Corazón und beruhigte sich wieder. Dieser Mann, den sie so innig liebte, hatte sich auf ein Terrain begeben, das selbst ihm fremd war.

Julio, offenbar tief in Gedanken versunken, zeichnete mit einem Stock Kreise in den Sand, die er immer wieder nachzog. Schließlich stieß er ihn in die Mitte eines Kreises. Er schaute Sin Corazón an und sagte schlicht: «Ich erleuchte dich.»

Diese anmaßende Feststellung verschlug Sin Corazón beinahe die Sprache.

«Aber was hat das alles damit zu tun, daß wir gemeinsam einen Pfad beschreiten? Was hat das mit unserer Liebe zu tun?»

Julio schaute sie lange unverwandt an. Schweigen legte sich über sie, während die Sonne hinter dem Horizont versank. Die Schatten wurden länger und verschmolzen zu einem dunklen Vorhang, der sie gleich einem Kokon einhüllte – weich, duftend und zart. «Mir ist noch nie im Leben die Kontrolle entglitten», sagte er, «ob das nun gut oder schlecht ist. Doch jetzt habe ich das Gefühl, sie nicht mehr zu besitzen. Das ist mein Dämon. Das ist es, womit ich mich auseinandersetze, denn ich kann die Wildheit deiner Seele nicht beherrschen.»

«Und ich die deine nicht», sagte Sin Corazón. «Aber ich will es auch gar nicht.»

«Aha!» rief Julio aus. «Aber wir beide bestehen aus Macht. Also kann das hier doch nichts anderes als ein Spiel der Macht sein?»

«Aber wenn es ein Spiel ist, Julio, dann verlieren wir beide. Wenn du mich vernichtest, wirst du, der Heiler, von der Erinnerung an mich zerschmettert. Und wenn du zerstört wirst, dann kann auch ich nicht weiterleben. So oder so würden wir einander verlieren. Ob du gewinnst oder verlierst, in einem Spiel der Macht verlieren wir beide.»

«Genau das ist das Dilemma, in dem wir stecken. Es gibt in diesem Fall mehr Kräfte als nur dich und mich.»

Sin Corazón erschien die flüchtige Vision von einem Tempel, von Priesterinnen in Maya-Gewändern, von Federn und Opferschalen voll Blut. Beim Gedanken an die Kämpfe, die die Schwesternschaft der Schilde und zahlreiche Bruderschaften und Schwesternschaften in aller Welt gegen Unwissenheit und Schmerz, Dunkelheit und Dummheit führten, spürte sie ein Stechen im Unterleib. Ihr wurde bewußt, wie lange das Blutopfer noch nach der Zeit der Maya und Azteken in Kriegen und Aderlassen aller Art fortgeführt worden war. Sie litt für alle, die ihre Chance versäumt hatten, ins Licht einzutauchen.

Dann schaute sie den Mann an, den sie liebte. Sie nahm sein Gesicht zwischen die Hände und sagte einfach: «Nur die Liebe kann uns verwandeln. Sie ist alles, was wir haben und was wir sind. Ohne sie haben und sind wir nichts.»

XIX

Seit einer Stunde befand sich Julio auf dem Aufstieg zum roten Sandsteinplateau. Jeder Schritt war gefährlich, und er rutschte auf den winzigen Steinchen unter seinen Füßen ständig aus. Oben angekommen, setzte er sich und richtete seinen Blick auf das Tor im Westen, wo die Sonne orangerot, feurig und heiß über dem Horizont hing.

Julio spürte ein starkes Verlangen. Intensive Gefühle dieser Art waren ihm ungewohnt. Es bereitete ihm Mühe, sein Zentrum zu finden. Wind aus südlicher Richtung kam auf. Ein kleiner Staubteufel fegte ein paar Büschel Steppengras hoch hinauf in den nachmittäglichen Himmel. Julio seufzte. Wieder einmal stellte er fest, daß nicht einmal die stärkste Liebe sein sprödes Herz berührte, denn zu lange hatte er sich vor Verletzlichkeit abgeschirmt. Obwohl José, sein Lehrer, immer wieder behauptet hatte, daß Verletzlichkeit die beste Verteidigung ist. Julio war nie verletzlich gewesen, würde es vielleicht nie sein. Er litt Qualen und war trotzdem nicht bis in die letzten Winkel seines Seins berührt. Sie rührte ihn nicht, warum also war er so verliebt? Er beugte sich vor und legte die Stirn auf die Knie. Als er sich Sin Corazóns hübsches Gesicht ins Gedächtnis rief, hatte er das Gefühl, als würde man ihm einen Haken durch den Körper ziehen. Wie ein zappelnder Fisch an der Angel versuchte er sein Bewußtsein von ihr fortzuziehen. Er wollte sich nicht an sie verlieren. Er wollte nicht von seinem Lebensweg abweichen. Er war nicht etwa verängstigt, nein, er wollte sich nur von niemandem beherrschen lassen. Mit diesem Gedanken stellte er sich dem heißen Wind entgegen. Hellrot spiegelten seine Augen den Schein der untergehenden Sonne wider. Mit einem Lächeln auf den Lippen machte er sich an den Abstieg, glitt mit halsbrecherischer Geschwindigkeit den schlüpfrigen Sandstein hinunter, ohne das Gleichgewicht zu verlieren. In diesem Augenblick lebte er mit jeder Faser seines Wesens. Außer ihm und seinem Gott existierte nichts. Jetzt, da er im letzten, rotglühenden Licht den Berghang hinabsauste, konnte ihn nichts berühren. Julio war ein Grenzgänger, ein Mann, der bei jeder sich bietenden Gelegenheit an seine körperlichen Grenzen und an die Grenzen seiner Realität stieß. In diesen besonderen Augenblicken vereinigten sich in ihm schöpferische Kraft und Lebenskraft, und er erfuhr die orgiastische Berührung durch die unsichtbaren Finger des großen Mysteriums, das ihn umgab. Julio fühlte sich frei, Julio lebte, Julio war dem Tode nahe.

XX

Julio war nach Veracruz aufgebrochen. Wie ein Mantra wiederholte Sin Corazón seinen Namen. Sie verwendete ihn sowie andere machtvolle Namen, um sich ins heilige Tal ihres Geistes zu versetzen.

Sie begab sich an einen ganz besonderen Ort, nach Gaianos, in ein Tal, dem ausgesprochen weibliche Macht innewohnt. Sie schritt über eine Lichtung zwischen üppigen Baumwollbäumen und wußte, daß sie hier etwas finden würde. Es gab eine Lehre, eine Erklärung, eine Weisheit, eine Botschaft irgendwo hoch oben in den Ästen der Bäume oder in den Steinen oder im Lufthauch, der die Blätter und Äste der Bäume bewegte, so daß sie wie Julios langes Haar wehten.

Sie hob den Blick und schaute in den weit entfernten nördlichen Teil des Tales. Dort erhob sich ein riesiger Berg, ein Hochplateau aus Granit, dessen Hänge mit Pinien und Zwergkiefern bewachsen waren. Auch in diesem Tal, so weiblich es anmuten mochte, gab es mit dem Berg also eine männliche Macht. Es war kein Großmutterberg. Es war ein Großvater, ein Krieger, ein Medizinberg, der sie und alle, die ihn besteigen oder an seinem Fuß sitzen und zuhören wollen, etwas lehren wollte.

Sie wanderte durch das Tal, übernachtete und stieg am nächsten Morgen durch den Wald zum Hochplateau hinauf. Wie auch immer die Botschaft lauten mochte, die sie finden sollte, sie verirrte sich auf ihrem Weg. Erneut rief sie ihr Herz um Hilfe an, ihre Lehrer, ihre Wächter, ihre Vorfahren und alle, die sie liebten. Auch Julios Namen sagte sie wieder vor sich hin: Er klang wie der Wind, der durch die Wipfel der Kiefern strich, und er gefiel ihr. Stärker noch als ihre Liebe zu ihm beeindruckte sie die Macht seines Namens. Julio bedeutete ihr sehr viel, es war eine außergewöhnliche Liebe, die sie auf einen so merkwürdigen Weg der Wandlung geführt hatte.

Als die Sonne am Horizont verblaßte, fand Sin Corazón eine

Lichtung unter Pappeln. Pappeln, dachte sie. Ich muß schon ziemlich weit oben sein. Kein Wunder, daß es so kalt ist. Auf einem Grasfleck neben einem noch warmen Stein rollte sie sich zusammen – wie ein Tier, das auf seinen Gefährten wartet. Sie sank in tiefen Schlaf und begegnete im Traum ihrer Lehrerin. Sin Corazón bat um eine Lektion.

Sie schlüpfte in ihre Geistgestalt, den Jaguar, und schnürte über die Pfade der Dunkelheit und des Lichts, das der Mond auf den Weg warf. Ein neuer Ring der Macht war in greifbarer Nähe, das bedeutete eine neue Stufe der Weisheit, anders als alles, was sie je gekannt hatte. Es war keine Weisheit, die man sich aneignen mußte. Diese Weisheit bestand darin, loslassen und in Stille und Frieden abwarten zu können. Der Traum sagte ihr, daß ihre weisen Vorfahren und alle, die in diesem Leben verkörpert waren, ihr zur Seite standen, sie beschützten und prüften. Unzählige Dinge und Menschen näherten sich ihr: Jaguarfrau, Lynn aus dem Norden, Agnes Whistling Elk, die Schmetterlingsfrau aus ihren Träumen – alle Wesen des Lichts flehten sie an, sich zu ändern, zu wachsen, das zu werden, was sie ursprünglich sein sollte. Ihr wurde klar, daß sie ein neues Element für ihre Träume und ihr Kraftfeld benötigte, damit sich noch größere Möglichkeiten für sie auftaten.

Weit öffnete sich ihr Herz in Liebe, und darin stand Julio. Sie liebte ihn mit allem ihr zur Verfügung stehenden Wissen, doch das reichte offenbar nicht aus. Hier ging es darum, sich zu verändern und zu wachsen, ohne Wissen anzusammeln. Sin Corazón vernahm eine neue Stimme der Macht, aber sie benötigte eine Übersetzerin, denn sie hatte sie nie zuvor gehört.

Die ganze Nacht verharrte sie in ihrem Traum, und sie entdeckte in den Augen ihres Jaguarselbsts etwas, das sie nie zuvor bemerkt hatte. Es war ein gewisses Licht. Die Augen ihres Jaguarselbsts waren undurchdringlicher gewesen, dunkle Seen von räuberischer Kraft. Jetzt war da ein Licht, ein weicher Schimmer hinter all der Stärke, ein sichtbarer Druck, der Kühle, Sanftheit und innige Liebe bedeutete. Im Schlaf trat sie in den

Lichtstrahl, der aus den Augenwinkeln des Jaguars trat. Sie folgte diesem Licht wie der Wanderer einem Waldpfad. Seine Quelle war unfaßbar hell, golden und strahlend. Würde sie zu Asche verbrennen? Sie hatte nichts dagegen, denn aus der Asche erhebt sich ein Phönix. Sie wußte, daß in diesem Licht die Antwort zu finden war, das letzte Puzzlestück, das notwendig war, um das vollkommene Gleichgewicht zu erlangen. Sie setzte ihre Reise bis zum Morgengrauen fort.

«Gib der Liebe nach. Liebe dich selbst und deine Schwestern in deinem Vergessen und Erinnern. Der Geist unseres Volkes lebt in dir fort», flüsterte die Stimme der Macht. Aber die Stimme war männlich, und sie kannte sie gut. Sin Corazón erschrak und wachte auf. Sie schlug die Augen auf und sah den alten Zauberer vor sich stehen. Er war in feinen Dunst gehüllt. «Das sind doch die Worte, die du hören wolltest, oder? Hast du gedacht, du könntest einfach so aus meinem Leben verschwinden? Du bist mir verpflichtet, aber ich werde dir sagen, wie du die Rechnung begleichen kannst. Du willst deinen Julio? Dann mußt du mir etwas dafür geben!»

12

Ein leuchtendes Tor

Der Südwind strich sanft wie feines Leinen über meine Haut. Ich war bei Jaguarfrau, lag in einer Hängematte und dachte immerzu an Sin Corazón. Ich hatte den Eindruck, daß sie die Verwirrung, in die sie uns alle gestürzt hatte, bedauerte und unsäglichen Schmerz über ihre eigenen verlorenen Jahre empfand. Wie wir uns doch verändern! dachte ich. Wie stark wir uns von Menschen in unbekannten Welten anziehen lassen. In Gedanken wanderte ich durch die Straßen einer Stadt, die ich nur vage wahrnahm, über die Berggipfel und Hochebenen, die Sin Corazón auf ihrer Reise aufgesucht hatte. Da ich gehört hatte, daß der Jaguar ihr Verbündeter war, stellte ich sie mir auf der Pirsch vor. Wenn ich ehrlich war, mußte ich zugeben, daß ich diese außergewöhnliche Frau bewunderte. Andererseits war ich meinen Wächtern enorm dankbar, daß sie mich vor einer solchen Entscheidung wie der ihren in meinem Leben bewahrt hatten.

Am darauffolgenden Tag erreichte uns erneut eine Nachricht von Sin Corazón, in der sie mich bat, sie noch einmal in den frühen Morgenstunden auf dem Markt zu treffen.

Der goldrote Glanz der aufgehenden Sonne über dem Marktplatz, erste Hahnenschreie, Hundegebell, die Geschäftigkeit des Marktes – Kennzeichen einer erwachenden mexikanischen Stadt – bezauberten mich. Ich kaufte mir einen Becher Kaffee und setzte mich auf einen Mauervorsprung, um dem farbenprächtigen Treiben zuzuschauen. Als Sin Corazón auftauchte, schien sie noch jünger als beim letztenmal. Sie stand im Sonnenlicht, und ich sah die Silhouette einer Madonna mit weitem Baumwollschal, der ihr bis zur Hüfte reichte.

«Du wagst dich an die Grenzen vor, Lynn, nicht wahr? Das hast du immer schon getan.» Sie lachte. «Wie hast du es nur geschafft, deine Unschuld zu bewahren, ohne in einer Falle zu landen?»

Im ersten Moment flößte sie mir Angst ein. Ich nahm einen Schluck Kaffee und mußte dann ebenfalls lachen, denn sie hatte recht. «Ich bin überrascht, daß du mich heute morgen treffen wolltest. Ich dachte, du wärst schon längst auf dem Weg nach Mérida.» Eine Zeitlang betrachtete ich die Spiegelung der goldenen Wolken auf der schwarzen Flüssigkeit in meinem Becher. «Ich habe mich gefragt, Sin Corazón, ob ich je in der Lage sein werde, dir vollständig zu verzeihen. Ich kann es nur, wenn ich dich vor mir sehe, denn vom Verstand her kann ich dir nicht vergeben. Das ist mir nur mit dem Herzen möglich. Ich will nicht behaupten, ich hätte unsere Freundschaft nicht schmerzhaft vermißt. Wie aber soll ich je wieder deine Freundin sein? Ich kann dich nur lieben, aber ich weiß nicht, ob ich dir je wieder vertrauen kann.»

«Aber geht es denn um Vertrauen?» fragte Sin Corazón, ohne mich anzuschauen. «Vielleicht ist das Böse einfach eine Tatsache, ein Seinszustand. Auch Vertrauen ist ein Seinszustand, und ich glaube, daß du aus Vertrauen bestehst», sagte sie.

«Was willst du eigentlich von mir? Ich weiß, du brauchst etwas. Ich spüre es», sagte ich.

«Ich dachte, vielleicht würde es mir auch klarwerden, wenn ich dich noch einmal sehe. Ich brauche Gleichgewicht. Ich komme aus der Dunkelheit und benötige das Licht. Du bestehst aus Licht, so scheint es. Ich brauche dein Licht, um das Dunkel in mir auszugleichen.»

Ihre Offenheit überraschte mich. «Aber Sin Corazón, begibst

du dich damit nicht wieder auf den Weg der Magie, die Freundschaften heimlich zum eigenen Vorteil nutzt? In einer Freundschaft schenkt man Liebe, Verständnis und Licht, aber du bist berechnend. Ich muß es mir überlegen, und es ehrt mich, daß du mich gefragt hast, aber ich weiß nicht, ob ich dir das geben kann. Vielleicht haben andere Frauen der Schwesternschaft mehr Erfahrung. Mag sein, daß jetzt nur noch Jaguarfrau mit dir arbeiten kann.»

Ich betrachte die Fenster der Häuser rund um den Marktplatz. Wie viele Jahre – Jahrzehnte – hatten diese Fenster nun schon das Blutrot und Rosa des Sonnenaufgangs wie in diesem Augenblick widergespiegelt? Welche Dramen von Leben und Tod, Licht und Schatten, hatten sich unter diesen Fenstern abgespielt? Was hatte uns hierhergeführt? Was sollte mit Sin Corazón geschehen, und was sollte ich hier lernen?

«Komm, wir wollen ein Stück spazierengehen», schlug Sin Corazón vor. Wir drehten eine Runde um den südlichen Teil des Marktplatzes. Frauen in wunderschönen bunten Röcken und Blusen aus Baumwolle, die glatten schwarzen Haare aus dem braungebrannten Gesicht gekämmt, lächelten uns zu und zeigten uns das Getreide, den Mais oder die Lederwaren, die sie zu verkaufen hatten. Die Häuser des Ortes warfen scharf abgegrenzte, dunkle Schatten. Mein Blick fiel auf einen alten Mann, der an der Mauer eines rosa angestrichenen Gebäudes lehnte, den Kopf vornüber geneigt, als schliefe er. Er trug eine schwarze Hose und ein schwarzes Hemd und schien sehr betagt zu sein. Ich vermochte den Blick nicht von ihm abzuwenden. Er schaute auf, als hätte er meinen Blick gespürt. Seine Augen verwirrten mich. Es waren nicht die Augen eines alten Mannes; sie waren gelb und sahen mich unter den schweren Augenlidern durchdringend an. Verblüffend behende richtete er sich auf, lächelte mich schief an und musterte mich eindringlich. Dann drehte er sich um und trat durch eine alte, verwitterte Tür, die mir zuvor nicht aufgefallen war. Ich hätte nicht einmal sagen können, ob sie sich wirklich geöffnet hatte. Jetzt, da ich sie betrachtete, war sie jedenfalls geschlossen. Rasch wandte ich mich zu Sin Corazón um und ertappte sie dabei, wie sie die Szene mit einem sonderbaren Lächeln auf den Lippen verfolgte.

«Was für ein interessanter Mann!» sagte sie. «Wir wollen ihm folgen. Vielleicht führt diese Tür in eine dir unbekannte Welt.»

Mir lief ein Schauer über den Rücken. «Es ist ein Tor, nicht wahr?» fragte ich.

«Na ja, Kleine Wölfin», sagte sie ein wenig zu vertraulich. «Deine Lehrerinnen haben dir doch gewiß beigebracht, wie man Tore durchschreitet?»

Am liebsten wäre ich quer über den Platz gelaufen, nur fort von dieser Frau, doch übte dieses Tor im Süden des Platzes eine magische Anziehungskraft auf mich aus. Mir fiel ein, daß Ruby mich vor großer Gefahr gewarnt hatte, wenn Sin Corazón nach Süden ginge. Aber meine Gedanken waren verschwommen. Das war bestimmt Zufall! Rubys Worte schienen mir fern und ohne Bedeutung. Ich war bereit, fast alles zu riskieren, um etwas Neues zu lernen. Deshalb folgte ich Sin Corazón. Der alte Mann hatte mich gereizt und mich in seinen Bann gezogen. Wenn er Sin Corazóns Lehrer war, dann verstand ich, warum sie mit ihm gegangen war. Flüchtig stellte ich mir vor, in meinem Geistkörper durch die Luft zu fliegen und sonderbare, magische Visionen von Leben und Macht zu erfahren, ganz anders als die, die ich mit der Schwesternschaft erlebt hatte. In dem Augenblick, als ich die Tür erreichte, deren Holzrahmen jetzt im intensiven Morgenlicht bläulich-grün schillerte, blieb ich wie angewurzelt stehen.

Ich trat an die Tür und berührte sie mit der Hand. Ein Prickeln lief durch meine Finger, als wäre sie aus reiner, vibrierender Energie, die meine Finger aufs zärtlichste liebkoste. Ich sprang zurück und stieß Sin Corazón zur Seite. Sie packte mich mit beiden Händen an den Schultern und drehte mich zu sich herum.

«Wölfin, du hast doch nicht etwa Angst vor Wissen? Es gibt vieles, was deine Lehrerinnen dir nicht gesagt haben.»

«Wie meinst du das?» fragte ich

«Die dunkle Seite der Zauberei ist nicht böse, sie ist der Kern persönlicher Macht. Du bist nur am Rande um die heiligen Kreise der Weisheit geschritten. Ich biete dir die Möglichkeit, über deine Grenzen hinauszugelangen in eine Welt, die so wunderbar ist, daß du es dir nicht vorstellen kannst. Es gibt dort keine Teufel mit Hörnern, nein, sie ist voller Engel – voller Licht, wie du es noch nie gesehen hast. In diesem Himmel gibt es keine Wolken. Die Macht ist wie ein Blitz, der den Himmel in unzählige magische Teilchen zerkleinert. Folge mir, und du wirst Macht über alle Menschen erlangen. Du wirst in der Lage sein, sie deinem Willen zu unterwerfen. Überlege dir nur, was das für dich in der Welt und bei deiner Arbeit bedeuten würde! Wir haben es in der Hand, dir vieles zu geben.»

In diesem Augenblick prallte ich vor ihr zurück! Ich erkannte den Fehler, den ich in meiner Faszination beinahe begangen hätte. Der Alte übte eine magnetische Anziehungskraft aus, wie die fesselnde Schönheit von Sin Corazóns Silhouette vor dem hellen Morgenhimmel, ihre herrlichen Augen, die vor Leidenschaft und Macht funkelten. Aber ich sah auch die Dunkelheit, die sich in ihren Augen widerspiegelte, ich sah sie sehr deutlich.

Sie war abstoßend. Ich erblickte die Trauer unter der Oberfläche, den Schmerz und die Distanz. Sie lebte allein in einer unauflösbaren, herrlich geformten Blase, deren Wesen jedoch gefährlich und zerstörerisch war.

Unsere Schwingungen verbanden sich nicht miteinander. Meine Schilde in mir rotierten, als ich meine Verteidigung gegen ihre Verführungskünste aufbaute. Während ich mich rechtsherum drehte, wandte sie sich nach links, und wir prallten voneinander ab.

«Mein Gott, der Süden» flüsterte ich heiser.

Sin Corazón wandte sich mit bitterem Lächeln von mir ab.

«Schade», sagte sie, «daß du so schwach und ahnungslos bist. Ich hatte mehr von dir gehalten.»

Ihr schwarzer Rock wirbelte wie der Rauch von einem ersterbenden Feuer auf. Sie schritt durch das Tor. Wieder war ich mir nicht sicher, ob sich die Tür tatsächlich geöffnet hatte.

Kopflos eilte ich über den Platz und setzte mich auf die Mauerumfriedung eines wunderschönen Gartens, in dem Rosen und hellgelbe Tausendschönchen blühten. Es dauerte lange, bis ich mein Gleichgewicht wiedergefunden hatte und sicher sein konnte, daß in meinem Kraftfeld nichts mehr von ihrer Energie zurückgeblieben war. Ich saß an der Westseite des Platzes und streichelte den Regenbogenmutterschild in mir mit einem dankbaren Seufzer.

Das Gefühl der Vorahnung indes wollte nicht von mir weichen. Der Tanz war noch nicht zu Ende.

13

Die Liebe eines Zauberers

Am nächsten Tag unterhielten wir uns über meine Begegnung mit Sin Corazón.

«Ich glaube, Sin Corazón hat einen letzten Versuch für ihren Lehrer unternommen», sagte Jaguarfrau.

«Wie meinst du das?»

«Sie wollte dich ihrem Lehrer im Tausch gegen die eigene Freiheit anbieten.»

Jaguarfrau und ich sahen uns eine Zeitlang schweigend an. Als mir klar wurde, worauf ich mich beinahe eingelassen hätte, brach mir der Schweiß auf der Stirn aus. Ich verließ den Raum und setzte mich draußen auf die kühle Erde. Kurze Zeit später gesellte sich Ruby zu mir.

«Ist schon gut, Lynn. Du hast die Tür ja nicht geöffnet.»

«Ruby, warum kommt es mir so vor, als wäre das einer der wichtigsten Augenblicke in meinem Leben gewesen?»

«Weil es stimmt. Jetzt weißt du, wer du wirklich bist, nicht nur, wer du nicht bist. Jetzt hast du den Schlüssel.»

«Welchen Schlüssel?»

«Jetzt kannst du anfangen zu lesen, was auf den Schriftrollen in den Tonkrügen steht. Wir mußten uns erst deiner vergewissern. Du hast deine Sache gut gemacht.»

Ich schaute durch das Laub der Bäume in den Himmel.

«Komm.» Ruby stand auf und reichte mir die Hand. Wir gingen wieder zu den anderen.

«Wie verliebt sich eine Zauberin?» fragte ich Jaguarfrau.

«Nun, zum einen bestimmt anders, als unsereins sich verliebt – nun ja, anders vielleicht, als du dich verlieben würdest.» Ruby lachte, als sie meinen verwunderten Blick sah.

«Was willst du damit sagen?» fragte ich.

«Normalerweise», schaltete Agnes sich ein, «begegnen sich Menschen, fühlen sich zueinander hingezogen, umwerben sich und beginnen ein gemeinsames Leben. Sie heiraten und gehen eine Verpflichtung ein – in der Regel fürs ganze Leben. Selbst wenn sie diese Verpflichtung letztlich nicht einhalten, ist der Wille dazu am Anfang doch vorhanden.»

«Aber ich kenne nur wenige Menschen der Macht, die einen Hausstand gegründet haben.»

«Das stimmt», sagte Jaguarfrau. «Zoila und José leben zusammen in einem Haushalt, was angesichts der Art ihrer Arbeit sehr schwierig ist. Sie beschäftigen sich ausschließlich mit persönlicher Macht, daher meiden sie alles, was sie von dieser persönlichen Macht abhält.»

«Wie Kinder zum Beispiel?»

«Ja, alles. Das heißt bekanntlich auch jede Art persönlicher Geschichte.»

«So wie ich es bisher verstanden habe, Jaguarfrau, setzt man als Magierin oder als Mensch der Macht, der die Weiten des Universums bereist – in Träumen, auf der Pirsch, durch Heilkräfte –, seine Energie nicht für andere Dinge ein. Es ist, als wäre man eine Art Priesterin oder zum Beispiel eine Nonne, die eine Braut Christi wird. Sie vergeudet ihre Energien nicht mit Beziehungen in der wirklichen Welt. Ist es das, was du meinst?»

«Ja. In gewisser Weise ist man mit der Macht verheiratet. Sie ist dein Leben, und es ist ein faszinierendes, rätselhaftes und anspruchsvolles Spiel.»

«Ein Spiel?» fragte ich.

«Ja, es ist gewissermaßen ein Spiel von Energie und Macht. Die Frage ist nur, wie gut du die Kräfte miteinander in Einklang bringen kannst. Du gibst dich dieser Aufgabe vollkommen hin, ähnlich dem Spiel um das schnelle Geld in der Wall Street oder der Politik in eurer Welt. Du kennst andere Menschen der Macht, und wenn du ein dunkler Zauberer bist, nimmst du ihnen Macht ab. Du findest Mittel und Wege, sie zu betrügen, mit ihnen zu spielen und sie in Sackgassen zu locken. Das ist das Wesen der Schwarzen Magie: Man stiehlt einem anderen Macht. Es ist kein guter Weg», sagte sie nachdenklich. «In einer solchen Sackgasse befand sich Sin Corazón.»

«Und jetzt», fiel Agnes ein, «haben sich Sin Corazón und Julio verliebt, richtig verliebt. Du mußt wissen, daß wir Sin Corazón nicht an der Nase herumgeführt haben, als wir eine Begegnung der beiden arrangierten. Wir haben sie nicht dazu gebracht, etwas zu fühlen, das sie nicht auch normalerweise gespürt hätte. Wir haben ihr und Julio eine Chance gegeben und ihnen freigestellt, sie zu nutzen. Verstehst du, Kleine Wölfin?»

«Ja, ich glaube schon», sagte ich.

«Für Menschen, die im Besitz der Macht sind, ist es sehr schwierig, irgendeine Verpflichtung einzugehen. Nun ist Julio ein *curandero* und kein Zauberer, aber er kennt sich in der Welt der Zauberei aus. Er hat diese Wege beschritten und kennt sie gut, hat sie allerdings nicht zu einem Teil seines Lebens werden lassen. Nichtsdestotrotz ist er ein Mensch der Macht und fest entschlossen, nur mit einer Geistgefährtin zu leben. Mit anderen Worten, wenn eine Frau Julio heiraten will, muß sie zuerst seiner Geistfrau Achtung erweisen, die ihm bei seinen Heilungen hilft. Dafür ist sie da – eine Ratgeberin, eine Gehilfin sozusagen.

Sin Corazón hat Julio in einen furchtbaren inneren Konflikt gestürzt. Er versucht nun herauszufinden, was er mit seinem Leben anfangen soll. Es wird sehr interessant sein, das zu beobachten, denn es handelt sich hier nicht um einen gewöhnlichen Mann und bestimmt nicht um eine gewöhnliche Frau. Sie haben sich ganz anders verliebt, als das in der Welt üblich ist. Freud und Leid werden außergewöhnliche Formen annehmen, weil die beiden im Verlauf der Anpassung unsägliche Schmerzen erleiden werden. Ihre Sicht der Welt basiert auf Freiheit, was sich vom Standpunkt eines Verheirateten oder eines Menschen, der sich in einer Liebesbeziehung bindet, stark unterscheidet.

XXI

Jaguarfrau versammelte uns am nächsten Abend zu einem Essen, bestehend aus mit Käse gefüllten Maisfladen, saftigen Papayas und frisch geernteten Maiskolben. Nach einer kurzen Siesta standen wir auf und gingen im Kreis, während Jaguarfrau würdevoll und mit dem Geschick einer großen Erzählerin in ihrer Geschichte fortfuhr.

Sin Corazón saß unter einem Baumwollbaum. Sie hatte sich an den Stamm gelehnt und ließ den Blick über die Maisfelder zum Himmel empor schweifen. Der alte Zauberer hatte sie zum letztenmal überlistet. Wenn sie daran dachte, was sie Lynn beinahe zugefügt hätte, schämte sie sich zu Tode. Vielleicht konnte sie nie wirklich heil werden.

Sin Corazón litt emotionalen Schmerz, und sie schlich in sich herum wie ein Tier auf der Suche nach einem sicheren Platz für die Nacht. Diesen Augenblick der Einsamkeit, des Schmerzes und des Verlassenseins hatte sie selbst verschuldet. Von neuem hatte sie eine Schwester betrogen. Sie würde Julio nicht wiedersehen, und der Traum, den sie miteinander geträumt hatten, schien in unerreichbare Ferne gerückt. Ihr Schmerz schien vollkommen. Tief in ihrem Innern hörte sie Jaguarfrau, die zu ihr sprach: «Meine Tochter, die Zeit wird kommen, da du ganz unten angelangt bist. Du mußt so tief wie möglich in deinen Kummer hinabtauchen, und wenn das geschehen ist, verweile darin. Setze dich hinein. Wickle dich darin ein. Zieh ihn über das Gesicht, das Herz und dein Sein. Bewege dich nicht, versuche nicht, fortzulaufen, versuche nicht, etwas zu verändern.

Versuche gar nichts. Das ist ein Augenblick, der keiner Handlung bedarf. Es ist ein Lebensabschnitt, an dem man nur dasitzen und das Ende des dunklen Tunnels suchen muß.»

Sin Corazón folgte diesen Worten, denn sie wußte nicht, was sie sonst tun sollte. Sie konnte niemandem die Hand reichen. Die Liebe, ihre einzige Hoffnung, war ihr genommen worden.

Da saß sie nun und spürte einen zarten Energiewirbel, der sie im Uhrzeigersinn umkreiste. Ihr Stillstand im Innern hielt den äußeren Rand offenbar in Bewegung. In gewisser Weise fühlte sie sich endlich fern von allem Bösen, fern von Liebe, vom Wissen, von ihrer Rolle als Schülerin – vollkommen losgelöst, als wäre nichts mehr da. Statt Trauer empfand sie Erleichterung. Nichts war ihr geblieben, was noch einen Versuch wert gewesen wäre. Sie hatte in ihrem Leben vieles gelernt und Wissen angesammelt; wenn sie sich jetzt nicht für immer davon löste, würde es sie zerstören. Auf dem Weg zu Macht und Erleuchtung kommt ein Zeitpunkt, an dem man alles Erreichte aufgibt – die Fehler, die man gemacht hat, ebenso wie das Gute, das man geschaffen hat.

Während sie unter dem Baumwollbaum diesen Gedanken nachhing und träumte, merkte sie plötzlich, daß sie stark blutete. Sie schaute auf die Erde und sah, daß sich um sie herum ein roter Fleck im Sand ausbreitete. Fassungslos schaute sie zu, und sah mit einem Mal Worte im Blut, als wolle ihr eigenes Blut mit ihr reden. Zunächst verstand sie die ungewohnte Sprache nicht, doch dann erblickte sie menschenähnliche Symbole und Wörter, zwischen deren Silben Musik erklang – Worte, die aus ihr herausfielen als Geschenk an die Mutter Erde zum Dank für die wortlose Weisheit, die ihr von Bergen und Tälern zuteil geworden war. Im Blut floß ihre Dankbarkeit für das Leben und für alles, was man ihr geschenkt hatte. Ihr Körper gab sich dem Körper der Mutter Erde hin – einer Mutter gleich, die sich für das Wohlergehen ihres Kindes aufopfert. War das ganze Leben etwa ein Blutopfer?

Es gab keinen Grund dafür, daß sie blutete. Ihre Monatsblutung war noch nicht fällig, aber dieser Augenblick der tiefen Einsicht hatte in ihrem Geist etwas freigesetzt, so daß auch ihr Körper loslassen konnte. Dann kamen die Tränen, und sie begann zu weinen. Sie weinte um das vergossene Blut aller Frauen, um Julio, um das Blut der Lebenden, das die Erde seit Menschengedenken getränkt hatte. Sie blutete für den Lebensrhythmus, für den Rhythmus ihres eigenen Geistes. Sie blutete um der Liebe willen und deren Bedeutung für ihr Leben. Das Blut lief aus ihr heraus und verließ sie, obwohl es in ihr entstanden war. Plötzlich kam ihr die Erkenntnis, daß Liebe nicht losgelöst von einem Menschen existiert, sondern ein Teil seiner selbst ist. Sie ist untrennbar mit ihm verbunden. Das Blut des Geistes ist und bleibt das Blut des Geistes. Das Blut des Körpers wird zu Asche und geht in der Mutter Erde auf. Es stirbt und wird wiedergeboren.

Die Blutlache wurde größer, und Sin Corazón lief Gefahr, zu verbluten und zu sterben. Ihr Blut würde den Baumwollbaum nähren. Sie schmiegte sich noch enger an ihn und dachte, dies sei vielleicht der Augenblick, auf den sie schon immer gewartet hatte. Wenn man auf das Leben zuging und stets neugierig seine Randgebiete erforschte, fortwährend an die Grenzen des Erträglichen, von Schmerz und Freude stieß, dann war der Tod vielleicht ein weiterer Spiegel, in den man hineinschauen und durch den man hindurchschreiten mußte. Was lag dahinter?

Dann hörte sie die Stimme ihrer Lehrerin: «Hast du gelernt, was du hier erfahren wolltest?» fragte sie.

Sin Corazón dachte lange nach.

«Bist du traurig?» fragte die Stimme. «Spürst du noch Schmerz?»

Sin Corazón merkte, daß noch Schmerz vorhanden war, aber in anderer Form. Sie hatte zwar noch immer nicht gelernt, was sie über die Liebe lernen mußte. Aber damit konnte sie jetzt leben. In Zukunft würde sie nicht mehr aus verschmähter Liebe die Schattenseite wählen. Sie konnte es sich erlauben, zu vertrauen. Das hatte Jaguarfrau gemeint: Wenn sie nicht in der Lage war, Vertrauen zu finden, konnte sie Julio nicht haben.

Erschrocken über ihre Schwäche, atmete sie tief ein und wählte das Leben. Sie wollte sich aufmachen und versuchen, den Heimweg zu finden.

Stunden später half Zoila ihr in die Hütte und gab ihr Kräuter, mit denen sie die Blutungen stillen konnte. Sin Corazón schlief ein. Mitten in der Nacht schlug sie die Augen auf. Sie war matt und erschöpft, aber zugleich voller Freude, denn sie wußte, daß sie die richtige Entscheidung getroffen hatte. An der Tür sah sie Jaguarfrau. Es war so dunkel, daß Sin Corazón ihr Gesicht nicht sehen konnte. Jaguarfrau schritt langsam durch den Raum, zündete eine Kerze an und stellte sie neben Sin Corazóns Hängematte.

Jaguarfrau setzte sich auf einen rot-blauen Stuhl und ergriff Sin Corazóns Hand. Sie war erstaunt, wie schwach ihre sonst so starke Schülerin war. Diese empfand die Hand ihrer Lehrerin wie die Pranke einer riesigen Katze – kräftig mit harten Ballen. Sie schloß die Augen und hüllte sich in die Stille des Augenblicks, um wieder zu Kräften zu kommen. Sie wünschte, daß dieser Augenblick nie enden möge.

«Ich liebe dich», sagte sie, ohne die Augen zu öffnen. «Wenn nur –»

«Wenn es nur möglich wäre zu lernen, indem wir einfach hier sitzen, einander in vollkommener Ruhe an den Händen halten und die Wonne, das Licht und die Schatten des Lebens genießen!» unterbrach Jaguarfrau sie. «Du hast deine letzte Schuld getilgt.»

«Ja», sagte Sin Corazón, denn sie hatte verstanden.

«Du warst dem Tode nahe, meine Tochter, und du hast die richtige Wahl getroffen. Hast du meine Stimme vernommen?»

«Ja, und du hast meine Fragen beantwortet, ohne daß ich sie stellen mußte. Und jetzt?» fragte Sin Corazón schließlich. Eigentlich war ihr die Antwort gleichgültig. Es war zu viel geschehen, und Stille war jetzt das einzige, was sie ertragen konnte.

Ein leiser Windhauch wehte zur Tür herein und brachte den Duft von blühenden Blumen mit. Sin Corazón fiel in einen tiefen Schlaf. Sie suchte nicht nach Träumen, nicht nach Antworten, nur nach Frieden.

XXII

Julios Verstand war von Schatten umlagert – unbekannte dunkle Gestalten, die nachts zu ihm kamen und ihn drangsalierten, daß ihm der Schweiß ausbrach. Er hatte sich nicht im Griff – ein Zustand, der ihm höchst zuwider war. Trotz der vielen Lichtleitern, die er mit Sin Corazón geschaffen hatte, machte er ihr jetzt Vorwürfe. Irgend jemand mußte schließlich für seine Qualen verantwortlich sein! Wenn das Liebe war, wollte er nicht ein Stück davon! Die Spiegelung von Sin Corazóns Liebe und Leidenschaft blendete ihn. Er verkrampfte sich, wälzte sich im Schmutz der Wildnis und versuchte, sich zu verstecken oder zu entkommen.

Wolken türmten sich auf – schwarze, purpurne Wolken mit goldenen und silbernen Lichträndern. «Nie mehr will ich mich mit den Augen eines anderen sehen», gelobte er sich, während er sich mühsam über einen Pfad schleppte, der sich an einem Bach entlangschlängelte. Flüchtig hatte er den Eindruck, daß sich jemand in seiner Nähe aufhielt. Er warf einen Blick auf die Berge und die nahenden Regenschleier und spürte, daß seine Macht schrumpfte, je weiter er sich von Sin Corazón entfernte. Ein Blitz sprengte den Himmel in goldene Scherben. «Regne, regne auf mich herab», flüsterte er beim Grollen des Donners, der über die Berge rollte. «Wasche meine Verrücktheit und meine Verwirrung von mir ab.»

Das Gewitter erschütterte die Erde. Julio setzte sich auf einen flachen Stein und sah zu, wie der Bach wütend aufgepeitscht wurde. Sein Herz raste. Er war ebenso aufgewühlt wie das Wasser. Dann ging das Gewitter über ihm nieder. Wie ein Sturzbach ergoß sich der Regen ringsum, Julio blieb trocken und unberührt. In diesem Augenblick wurde ihm bewußt, daß sein Schmerz nicht übermäßig, sondern noch nicht groß genug war. Die Macht und das Gute im Leben, Sin Corazón und die Zartheit ihres Körpers – das alles hatte ihn nie wirklich berührt, und er war nicht fähig, es tief in sich zu spüren. Seine Einsamkeit war so absolut, daß sie ihn mit Haß auf jene füllte, die einander berühren, spüren und lieben konnten. Ob es ihm wohl je gelänge, diesen Abgrund zu überwinden und sein Verlangen und sein Entsetzen zu heilen?

«Wo hast du dich herumgetrieben?» fragte José seinen Schüler.

Sie waren in einer kleinen Hütte in den Bergen in der Nähe von San Cristóbal. José betrachtete seinen Schüler mit Abscheu.

Der alte Mann sah in seinem weißen Hemd, seiner Baumwollhose und Sandalen sauber und frisch aus. Das weiße, dichte Haar war kurz geschoren. Julio saß auf einem Holzstuhl. Er hatte sich seit zwei oder drei Wochen nicht rasiert, und die Haare standen ihm wild vom Kopf. Seine Kleidung war zerknittert und schmutzig. Julio schämte sich und konnte seinem Lehrer nicht in die Augen sehen. Offenbar fehlten ihm auch die Worte, deshalb sprach José für ihn.

«Ihr beide spielt ein gefährliches Spiel.»

Julio nickte. «Ich kann nicht schlafen, ich werde verrückt», murmelte er.

«Ich nehme an, du triffst sogar Verbündete des Teufels?» fragte José lächelnd.

«Wieso?»

«Ich dachte nur.» Josés Augen funkelten. «Am besten, du befaßt dich sofort damit, sonst hängen dir diese Verbündeten ewig an den Fersen.»

«Aber, aber...» sagte Julio und begann zu zittern.

«Ohne Wenn und Aber, verdammt. Keiner meiner Schüler soll mit runtergelassener Hose erwischt werden.»

Mit diesen Worten zerrte José seinem Schüler die Hose herunter, riß sein schmutziges Hemd in Fetzen, packte den kreischenden Julio am Hinterkopf und schob ihn hinaus in den Bach neben der Hütte. Er hielt ihn so lange unter Wasser, bis Julio um sich schlug und nach Luft schnappte. Dann ließ José ihn los.

«Was machst du da?» schrie Julio außer sich vor Wut.

«Dasselbe, was du auch tust!»

«Was soll das heißen?»

«Du ertränkst andere im Fluß des Lebens. Sin Corazón ertrinkt jedesmal, wenn du sie niederdrückst. Du ertrinkst an deiner eigenen Dummheit. Siehst du das denn nicht, du Idiot?»

«Nein. Und ich bin kein Idiot.»

«Mir scheinst du ziemlich töricht.» José begann zu lachen. «Du liebst einen Menschen, der dich auf dich selbst zurückwirft, und das hältst du nicht aus. Sin Corazón hat in der Nacht am Teich damals ihre Ungeheuer gesehen, und du hast ihr bei ihrer Heilung geholfen. Nun mußt du zulassen, daß sie dich auf dieselbe Art und Weise heilt.»

«Aber das kann ich nicht. Ich will nicht», jammerte Julio.

José sprang auf wie der Panther, der er war, und trat Julio so heftig, daß dieser ins Wasser fiel. «Nun hör mir mal gut zu, Julio. Du hast diese Frau gebeten, dich zu *sehen,* und das hat sie getan. Jetzt bist du an der Reihe. Mach mir keinen Kummer! Du bist dabei, dir eine Energiesklavin zu nehmen, aber das reicht nicht. Ein solches Verhalten lasse ich nicht zu. Du vergißt alles, was du gelernt hast. Dieses ganze Durcheinander kann deine Geistgestalt und mehr zerstören. Du mußt dich wieder in den Griff bekommen. Ihr beide braucht dieses Gleichgewicht. Sie wartet auf dich. Besinne dich – schnell, ehe es zu spät ist, und frage Sin Corazón, ob sie dich heiraten will.»

Nachdem José ihn verlassen hatte, widmete Julio sich der Pflege seines verletzten Ego. Hier in der Abgeschiedenheit war ihm, als würde eine Kruste aufbrechen und von ihm abfallen. Darunter trat seine Verletzlichkeit zutage, mit der er sich zum ersten Mal in seinem Leben beschäftigte. Seine geheimsten Wünsche wurden ihm offenbar.

Es dauerte eine Zeitlang, bis er Sin Corazón davon überzeugt hatte, daß er es ernst meinte. Nachdem sie ein paar Tage zusammen verbracht hatten, mußten sie sich eingestehen, daß sie aneinander gewachsen waren und daß es ihr ehrlicher Wunsch war, zusammenzubleiben.

XXII

Sin Corazón unternahm ausgiebige Wanderungen in den Hügeln um San Cristóbal. Bald würde ihr sehnlichster Traum in Erfüllung gehen. Sie würde Julio endlich heiraten und mit ihm zusammenarbeiten, um Körper und Seele der Menschen zu heilen. Sie fragte sich besorgt, ob Julio wirklich in der Lage war, sich langfristig zu binden. Er selbst wünschte es sich von ganzem Herzen, ebenso wie sie, aber es war für sie beide eine neue Welt. Sie würden auf Schwierigkeiten stoßen, und ihr Leben würde alles andere als normal sein.

Fürs erste beabsichtigten sie, nach Veracruz zu ziehen. Vielleicht würden sie dort eine Zeitlang leben. Sie waren sich einig, daß sie keine Kinder haben wollten, sondern lieber anderen Menschen bei der Geburt ihrer persönlichen Freiheit und Kraft helfen wollten.

Sin Corazón gelangte an einen Wasserlauf, der an dieser Stelle so breit war, daß er einen Teich bildete. Sie setzte sich ans Ufer unter einen Baum, dem die heiße Sommersonne zu schaffen machte. Auch ich bin wohl ein wenig welk, dachte sie. Tief in ihrem Innern war sie erschöpft, zugleich aber außer sich vor Freude angesichts ihres neuen Lebens an Julios Seite. Verwundert ließ sie ihre unglaubliche Vergangenheit an sich vorüberziehen und fragte sich, wie es nur möglich gewesen war, daß sie vor vielen Jahren eine so folgenschwere Fehlentscheidung getroffen hatte. Die Schuld war getilgt. Was blieb, war eine Art Stille und ein innerer Frieden. Sie war tief in beide Welten hinabgetaucht – in Licht und Schatten; nun wußte sie, daß es einer bewußten Willensanstrengung bedurfte, dem Kosmos zurückzugeben, was sie sich genommen hatte.

Sin Corazón wußte nun, wie sie einen Menschen, der von den Kräften des Bösen verführt worden war, an einen Ort der Klarheit und Wiedergeburt führen konnte. Die Aussicht auf diesen Aspekt ihres künftigen Wirkens erfüllte sie mit freudiger Erregung. Sie schaute über die Weiten Mexikos, dachte an Lehrer in früheren Leben bei den Maya, den Olmeken und Tolteken. Sie erinnerte sich an Lehrer aus heiligen Träumen und ehrte sie. Sie spürte den Schmerz vieler Jahrhunderte, von Blutopfern und Krieg und dachte daran, wie sich die Dunkelheit über den Planeten und über die Menschen gelegt und ganze Nationen zerstört hatte. Tief in ihrem Herzen spürte sie den Reigen von Licht und Schatten. Der Schmelztiegel der Umwandlung ist überall. Sie selbst war davon erfüllt, sie bestand daraus, und sie hatte ihn bis in den Kern ihres Wesens hinein begriffen.

XXIV

Sin Corazón und Julio standen Hand in Hand am Rande des großen Sees Atitlán in Guatemala. Es dämmerte, und als die Dunkelheit hereinbrach, betrachteten sie das Spiegelbild der Sterne und des Mondes in dem prachtvollen, von Vulkanen umgebenen See.

Sie setzten sich an den Strand, lauschten schweigend dem Plätschern der Wellen und betrachteten die hoch aufragenden Steilhänge unterhalb von Solola. Sie warteten darauf, daß die

Feuer vor den Schamanenhöhlen aufleuchteten, Sternen gleich, die vom Himmel gefallen waren. Ein Feuer nach dem anderen wurde angezündet. Die Zeremonie hatte begonnen.

Julio stammte aus einem der kleinen Orte am See, und er wollte Sin Corazón vor den steinernen Weltaltar führen, der ihn zu Beginn seiner Ausbildung als Mann der Macht vieles über Macht gelehrt hatte. Er wollte die Macht dieses Altars und dessen Klarheit mit ihr teilen.

Der See hatte mit der Spiegelung des silbernen Mondes, des Berges und der Lichter ringsumher etwas Magisches an sich. Eine ruhige und doch gigantische Kraft schien dicht unter der Wasseroberfläche zu pulsieren. Sie würden bis zum Morgen ausharren, dann ein Boot besteigen und die kurze Entfernung zu seinem Dorf auf dem Wasser zurücklegen. Der Atitlán-See war tückisch, und Julio hütete sich, nach vier Uhr nachmittags darin zu schwimmen oder mit einem Boot hinauszufahren. Der Vulkan am anderen Ende des Sees verursachte zuweilen kleinere Flutwellen, die in der Vergangenheit schon viele Menschenleben gefordert hatten. Sin Corazón spürte die Kraft, die von dem See ausging. Es war beinahe so, als lauerte ein Drache unsichtbar in der Tiefe und wartete nur darauf, aufzutauchen und seine Stärke zu beweisen.

Morgen um diese Zeit würden sie verheiratet sein. José und Zoila waren eigens für die Zeremonie angereist. Jaguarfrau indes war noch nicht eingetroffen, aber sie erwarteten sie jeden Augenblick. Es würde keine Hochzeit im herkömmlichen Sinn sein, sondern eine Eheschließung in gegenseitigem Einvernehmen, eine Heirat der Macht zwischen Familien der Macht. Die Schwesternschaft würde an der Zeremonie und dem Fest teilnehmen. Julio und Sin Corazón waren freiheitsliebende Sonderlinge, die ihr Alleinsein in der Welt, ihre vollkommene Unabhängigkeit wie einen Schatz gehütet hatten. Daher spiegelte die Unbezähmbarkeit des Atitlán-Sees für beide einen Teil ihrer Stellung in der Welt und eine Seite ihrer magischen Kräfte wider.

Julio legte einen Arm um Sin Corazón. Als er ihr adlergleiches Profil vor dem hellen Mond betrachtete, schlug sein Herz schneller. Er fand sie wunderschön und konnte sein Glück, daß sie seine Liebe erwiderte, kaum fassen. Er legte eine Hand unter ihr Kinn und drehte ihren Kopf zu sich, so daß sie ihn ansehen mußte.

«Das Wasser des Sees ist wie unsere Macht», sagte er.

«Es ist jeden Tag anders.» Er küßte sie zärtlich. Dann standen sie auf und gingen ins Dorf, um ihre letzte Nacht als Ledige zu verbringen.

14

Die Abrechnung

Die aufgehende Sonne sandte Streifen aus explodierendem Orange und Purpur über den Himmel. Der alte Zauberer saß hoch oben auf dem alten Sonnentempel der Maya. Er war verstört und ängstlich, denn er fürchtete, Sin Corazón für immer verloren zu haben. Er konnte nicht begreifen, warum sein Zauber, der ihn in seinem ganzen Leben noch nie im Stich gelassen hatte, keine Wirkung gezeigt hatte. Die blonde Frau aus dem Norden war sehr nahe an das Tor herangetreten.

Er breitete seine sprechenden Kristalle vor sich aus und sah zu, wie sich die Sonne in den uralten Steinen brach, so daß sie in allen Regenbogenfarben leuchteten. Er las die Zeichen und suchte nach etwas Neuem, das er vielleicht noch nie zuvor gesehen hatte. Dann geschah es: Über den sandigen Grund des Tempels zog der Schatten eines Vogels.

Es war kein gutes Vorzeichen, denn die Bussarde kamen von links und flogen dem Tor des Todes im Westen entgegen. Kalte Schauer böser Vorahnung liefen ihm über den Rücken. Von neuem ließ er die Finger über die sprechenden Kristalle gleiten und wartete auf die Worte, die stets zu ihm kamen, ihn aber diesmal offenbar verlassen hatten. Dann warf er einen Blick auf das Regenbogentor seines mächtigsten Kristalls. Flüchtig tauchte das Gesicht eines alten Jaguars vor ihm auf. Es war nicht der junge Jaguargeist von Sin Corazón. Er rang nach Luft, denn plötzlich wurde ihm klar, was er schon vor Monaten hätte erkennen können: Er hatte sich mit einer uralten Kraft angelegt, die ihn und seine Geister bereits vor der Zeit der Maya bekämpft hatte. Die Verse für ein Menschenopfer wollten ihm nicht über die Lippen kommen, und er kaute auf ihnen herum wie ein Pferd auf dem Mundstück. Mit diesen magischen Versen des Schmerzes pflegte er seine Schüler zu beherrschen. Er sah Jaguarfrau vor sich. In vielen Leben waren sie Gegner gewesen, und natürlich war sie es, die Sin Corazón vor ihm und seiner Macht abschirmte. Es war Bestimmung und entzog sich seiner Kontrolle. Aber der alte Zauberer wußte, daß die Macht sich zu seinen Gunsten verschieben könnte, wenn er Sin Corazón – im günstigsten Fall unbemerkt – in einem großen Augenblick der Liebe wie zum Beispiel während ihrer Hochzeit sehen könnte. Dann wäre er vielleicht noch imstande, Sin Corazón zu sich zurückzuholen.

Er schloß die Augen und versuchte, ihr Bild heraufzubeschwören. Es dauerte lange, bis er ihr Gesicht vor sich sah. Er tastete nach den Fäden der Macht, um an ihnen zu ziehen, aber er griff ins Leere. Plötzlich schaute er in ihre Augen, die von furchteinflößendem Glanz umgeben waren und ihn voller Liebe und Milde ansahen.

«Ekelhaft», knurrte er. «Da werden wir Abhilfe schaffen.»

Wie ein heißer Strom zog neue Energie durch den Körper des alten Zauberers. Mehr noch als die verlorene Schülerin Sin Corazón wünschte er sich ihr Licht. In Gedanken hatte er es bereits, denn früher oder später glaubte er sie wieder für sich zu haben.

15

Tanz der Katzen

Agnes, Ruby und ich saßen in traditionellen guatemaltekischen Sandalen und handgewebten Röcken neben Zoila und José unter einem großen Kautschukbaum neben dem Weltaltar hoch über dem Atitlán-See. Überall in den Bäumen hingen Laternen und Lampions; es sah aus, als hätte sich eine Schar von Glühwürmchen niedergelassen. Auf dem Steinaltar lagen Machtbündel. Rings um den Altar steckten Gebetsstäbe und Kerzen, Stöcke und andere Dinge im Sand.

Ich hielt immerzu Ausschau nach dem alten Zauberer. Meine Augen konnten ihn nicht sehen, aber ich hatte so ein merkwürdiges Gefühl, als wäre er nicht weit. Mir war mulmig zumute, und wenn Agnes mich nicht gedrängt hätte, wäre ich nicht hergekommen. Ich war Sin Corazón noch immer böse, daß sie versucht hatte, mich hereinzulegen. Alle anderen aber schienen glücklich und voller Erwartung. Wie lange hatten wir schon nicht mehr zu einer solchen Gelegenheit zusammengefunden! Ich bemühte mich, daran teilzuhaben.

«Ist doch interessant, wie Sin Corazón es immer wieder fertigbringt, uns zu ungewöhnlichen Anlässen zusammenzuführen», flüsterte ich Agnes zu. Sie lachte, und wir tranken einen Schluck Limonade.

Angenehm kühler Dunst zog vom Vulkan herüber, als Sin Corazón auf uns zutrat. Sie hatte hübsche, lange *milagro*-Ketten angefertigt, die sie uns um den Hals legte. Sie küßte uns alle auf beide Wangen und bedankte sich dafür, daß wir gekommen waren.

Mir flüsterte sie mit Tränen in den Augen ins Ohr: «Ich habe an jenem Tag einen großen Fehler begangen. Ich werde es wiedergutmachen. Verzeih mir noch einmal, wenn du kannst.»

Wie alle Frauen der Schwesternschaft hatte auch ich für Sin Corazón Gebetsstäbchen hergestellt und zusammengebunden – ein Symbol der Verbindung zwischen weiblichem und männlichem Element und der Fürbitte für ihr gemeinsames, glückliches Leben und den Bestand der Macht.

«Ich danke euch, meine Schwestern, daß ihr mir verziehen habt», sagte Sin Corazón. «Ich danke euch von ganzem Herzen.» Sie legte die zur Faust geballte Hand auf ihr Herz, drehte sich um und trat wieder an Julios Seite.

Julio war aufgeregt, wirkte aber nach außen vollkommen ruhig. Das überraschte mich, denn ich hatte damit gerechnet, daß er auf der Suche nach einem Ausweg nervöse Blicke um sich werfen würde. Das Gegenteil war der Fall. Er schien sehr gefestigt und mit seiner Entscheidung vollauf zufrieden. Er ließ Sin Corazón nicht aus den Augen, nicht aus Eifersucht, sondern um jederzeit zur Stelle zu sein, wenn sie Hilfe oder Unterstützung brauchte.

Ich atmete auf, Agnes und Ruby ebenfalls. Das Glück des Paares war so offensichtlich, daß man diesen erfreulichen Augenblick einfach genießen mußte. Dann setzten die Trommeln ein. Junge Männer aus den umliegenden Dörfern begannen, auf ihren Flöten zu spielen. Viele Menschen nahmen an dem Fest teil, die ich noch nie gesehen hatte. Zwei junge Männer aus Peru und einer aus Chile schlossen sich den Feierlichkeiten an und spielten fröhliche Weisen, die alle Teilnehmer in Festfreude versetzten.

Dann traten Julio und Sin Corazón gemeinsam vor den Altar.

Jaguarfrau, José und Zoila stellten sich hinter die beiden. Julio und Sin Corazón sprachen ihre Gelübde, baten um Führung auf ihren Wegen der Macht und beschenkten sich mit Fetischen für den Medizinbeutel. Sie tauschten Kristalle und in Ringe gefaßte Schamanensteine aus sowie kleine, in roten Stoff gewickelte Päckchen, deren Inhalt nur sie allein kannten.

Eine solche Hochzeit hatte ich noch nie zuvor erlebt – unter Kraftbäumen im Freien, vor einem Weltaltar, der die Geschichte des Schamanismus und der *curanderos* der ganzen Welt zusammenführte. Vor diesem Altar waren Menschen der Macht aus aller Welt vertreten. Es war ein erhebendes Gefühl, in dieser schlichten Versammlung mit Körben voller Melonen und Tonschüsseln mit Salaten und anderen Köstlichkeiten der Vereinigung von Kräften beizuwohnen. Ein Gefühl des Friedens und der Geborgenheit breitete sich aus.

In Gedanken verfolgte ich noch einmal die verschlungenen Wege, die Sin Corazón und Julio auf diesen Augenblick hingeführt hatten. Ich hatte große Ehrfurcht vor ihnen, wußte ich doch, daß beide einen heftigen Kampf hinter sich hatten. Eigentlich war es ein Wunder, daß sie überhaupt noch lebten. Ich fragte mich, welches Karma Sin Corazón angesichts des Schmerzes, den sie anderen zugefügt hatte, in diesem Leben wohl erwarten mochte.

«Sin Corazón ist eine sehr mächtige Frau», flüsterte ich Ruby zu.

«Ja, meine Tochter, das ist wahr. Und wie gefährlich sie ist», sagte sie und zwinkerte mit ihrem blinden Auge.

Ich nickte. Ich fragte mich, ob ich ihr wohl je voll und ganz verzeihen konnte.

Blauschwarze Dunkelheit senkte sich herab. Die purpurnen Schatten wurden länger und erreichten den See. Am Ende der Zeremonie begannen Sin Corazón und Julio miteinander zu tanzen. Jaguarfrau trat mitten unter die tanzenden Paare und hielt mit der linken Hand etwas in die Höhe. Sie blieb vor Julio und Sin Corazón stehen.

«Das ist ein Geschenk für dich. Eigentlich gehört es sogar dir,

Sin Corazón. Wir wissen beide, wieviel Leid und Wissen zugleich du deinen Mitmenschen gebracht hast, mir und deinen Schwestern. Was du mitgemacht hast, welche Entscheidungen du getroffen hast, welchen Wegen du in diesen vielen Jahren gefolgt bist, ist ein offenes Geheimnis. In der Barmherzigkeit liegt schöpferische Kraft, und in Liebe werden wir wiedergeboren. Deshalb gebe ich dir, meine Schülerin, meine Tochter, diesen Granat, der immer für dich bestimmt war. Es ist dein Schamanenstein.»

Die letzten Worte lösten bei der einen oder anderen Frau der Schwesternschaft hörbaren Schreck aus. Sollte das auf eine Auseinandersetzung hinauslaufen? Nein, Jaguarfrau sprach aus liebevollem Herzen, nicht im Zorn.

Jaguarfrau legte ihrer Schülerin die Granatkugel in die Hand. Sin Corazón nahm ihren heiligsten Gegenstand in Empfang. Tränen rannen ihr über die Wangen, und sie umarmte ihre Lehrerin. Dann segnete Jaguarfrau das Paar mit ihrem Fächer aus Papageienfedern, drehte sich um, verließ die Zeremonie und verschwand in der Dunkelheit.

Sobald Jaguarfrau außer Sichtweite war, vernahm ich links vom Weg ein Rascheln im Laub. Flüchtig glaubte ich das von dichten, graubraunen Locken eingefaßte Gesicht des alten Mannes im Mondlicht zu sehen, aus dem stechende Augen wie aus einem Rahmen schauten. Dann war er verschwunden. Ein Schauer lief mir über den Rücken. Hatte ich ein Gespenst gesehen oder sah der Zauberer zu, wie seine Schülerin alle Bindungen zu ihm kappte? Agnes legte mir einen Arm um die Schultern. «Vorläufig ist er weg.» Dann hatte sie ihn also auch gesehen! «Hier ist zu viel Macht, aber eines Tages wird er zurückkommen.»

«Wird er versuchen, sie zu holen?»

«Dessen bin ich mir sicher», sagte sie. «Aber vergiß es. Der Augenblick ist zu schön, wir dürfen ihn nicht verderben. Wenn er kommt, kommt er eben. Sie wird sich ihrer Vergangenheit noch einmal stellen und ihrer Macht vertrauen müssen.»

Spät in der Nacht kehrten wir ins Dorf am Ufer des Atitlán-Sees zurück. In einem Baum neben mir knackte es laut. Es war ein Kautschukbaum, an dessen Zweigen Orchideen rankten, die im Mondlicht wunderschön aussahen. Heftige Bewegung entstand in den Zweigen, und das Laub raschelte.

Wir schauten in die Baumkrone. Vor dem Mond hob sich die Silhouette einer großen Jaguarkatze ab, die durch die Äste sprang. Ein etwa gleich großer, schlanker Panther verfolgte sie in wilder Jagd von Ast zu Ast und von Baum zu Baum.

Es war ein gespenstischer Anblick. Wir kauerten uns dicht nebeneinander auf den Weg, um die beiden großen Katzen zu beobachten, ohne von ihnen entdeckt zu werden.

Die Katzen gelangten zusammen auf einen Baum und ließen sich auf getrennten, schwankenden Ästen nieder. Sie berührten sich mit den Pfoten und leckten sich gegenseitig, als wären sie Gefährten. Da begriff ich. «Agnes, welches ist Julios Totemtier?»

«Was glaubst du wohl?» antwortete sie.

Die Jaguarkatze streckte eine Pfote aus und streichelte den schwarzen Panther, der behaglich den Rücken krümmte. Dann zeigte sie ganz sacht ihre Krallen. Der Panther reckte sich vor, bleckte die scharfen Zähne und zwickte sie zärtlich in den Nacken. Die Jaguarkatze fuhr ihre Krallen weiter aus. Diesmal biß der schwarze Panther etwas kräftiger zu. Die beiden stellten sich auf die Hinterpranken und schlugen mit den Tatzen um sich, so daß es beinahe in einen ernsten Kampf ausartete. Die Jaguarin sprang fort und verschwand unter den Zweigen des nächsten Baumes. Eine Zeitlang waren sie unsichtbar. Nur das Schwanken der Äste, herabfallendes Laub und abgerissene Ranken zeugten von ihrer Anwesenheit. Wir vernahmen das Geräusch ihrer schweren Körper, das leise, kehlige Wimmern und das Knurren großer Raubkatzen, der Räuber des Dschungels.

So spielten sie also miteinander. Auf diese Weise liebten und neckten sie sich, stellten die Stärke und die Fähigkeiten des anderen auf die Probe bis an die Grenzen von Leben und Tod. Es war keine gewöhnliche Partnerschaft, sondern eine Partnerschaft der Liebe und einer Spielart der Macht. Sie waren für das ganze Leben verbunden und würden bis zum Tod füreinander kämpfen, ohne an das eigene Ende zu denken. Oft würden ihre Machtschilde den einen über den anderen erheben, aber nur für kurze Zeit. Die Jaguarkatze hatte ihre Krallen nur kurz in den schwarzen Panther eingraben können, ehe er eine Warnung abgegeben hatte. Das war ihr Leben.

16

Liebe und Weisheit

Gebannt hatten wir Jaguarfrau zugehört. Gerade weil Sin Corazón und Julio sich so sehr um Liebe und Wahrheit bemühten, wünschte ich, die Geschichte würde nie zu Ende gehen. Natürlich geht sie weiter, aber vorläufig hatte Jaguarfrau die Kunst der fließenden Rede, ihre beredten Gesten und das atemberaubende Erzähltempo eingestellt. Ich hatte sehr viel gelernt. Um alles zu verarbeiten, was ich vernommen hatte, mußte ich durch die Wildnis wandern und über ihre Worte nachdenken.

An dem Abend unserer Rückkehr in ihr Dorf in Mexiko feierten wir gemeinsam zu Ehren von Jaguarfrau, der Zöpfeflechterin.

Tags darauf ging ich mit Jaguarfrau in der Nähe von Palenque spazieren.

«Für dich war es wichtig, die Geschichte von Sin Corazón und Julio aus meinem Munde zu hören.»

«Wieso?» fragte ich. «Was hat das mit den Tonkrügen zu tun?»

«Weil die Information in den Tonkrügen auf bestimmte Weise verarbeitet werden muß.»

«Das verstehe ich nicht», sagte ich.

«Um die Botschaft der Tonkrüge zu verstehen, mußt du imstande sein, dein Herz so weit zu öffnen, daß du von Licht erfüllt wirst.» Jaguarfrau sprach stockend, als suchte sie nach den richtigen Worten. «Und wenn ich Licht sage, Kleine Wölfin, fällt es mir schwer, die Gabe zu beschreiben, die notwendig ist, um den Inhalt der Tonkrüge zu verstehen. Du verarbeitest die Information anders als das Wissen, das dir als Studentin an der Universität vermittelt wird. Es kommt nicht auf die Worte an oder auf das, was sie aussagen, sondern auf die Weisheit zwischen den Zeilen. Die Tonkrüge werden niemandem freigegeben, der sie mit den Augen des Anthropologen betrachten würde. Es handelt sich um schamanisches Wissen aus den Energiequellen des Kosmos. Ich spreche von Liebe, Liebe im Sinne des Großen Geistes – von dem Göttlichen.»

Ich saß im Schatten eines großblättrigen Baumes, in den sich bis hoch hinauf in die Krone Orchideen rankten. Es war wie in meinem Gewächshaus zu Hause – prächtige, verschlungene Ranken mit unzähligen Blüten.

«Hast du deshalb von Licht gesprochen?» fragte ich.

«Ja, Kleine Wölfin. Licht im Sinne der Gabe, einen Glanz in dein Wesen zu bringen, den du nach außen abgibst. Das ist eine große Aufgabe, für alle. Von Agnes habe ich gehört, daß du jetzt soweit bist, um den Inhalt des ersten Kruges zu lesen. In den kommenden Jahren werden dir nach und nach alle Krüge geöffnet. Und dann wirst du dieses Wissen zu deinem Volk tragen.»

«Also war die Beziehung zwischen Sin Corazón und Julio...»

«Wichtig war, daß du die Lichtseiten und die Schattenseiten der Liebe verstanden hast. Das soll nicht heißen, daß du nicht schon eine Menge darüber wußtest, aber die Beziehung zwischen Julio und Sin Corazón ist ein beredtes Beispiel für die Umwandlung des Bösen durch die Liebe.»

«Ja», sagte ich. «Ich bin gespannt, wie die beiden zusammenleben, obwohl sie doch in so vielen Bereichen Einzelgänger sind.»

«Es ist eine Beziehung der Macht», sagte sie. «Es war in gewisser Weise die Hochzeit einer Zauberin und eines Zauberers. Anhand ihrer Geschichte bist du enorm gewachsen. Deshalb bist du jetzt gut auf die Weisheit der sieben Tonkrüge vorbereitet. Bald wirst du mit Agnes wieder in die Höhle gehen. Unsere gemeinsame Erfahrung hier auf Yucatán war uns allen ein großes Geschenk. Ich liebe dich, meine Tochter.»

«Auch ich liebe und verehre dich», sagte ich.

Jaguarfrau umarmte mich und reichte mir die Hand, um mir beim Aufstehen zu helfen. «Komm. Das Abendessen ist bald fertig, und du mußt heute lange schlafen, damit du morgen früh ausgeruht aufbrechen kannst. Du hast eine lange Entdeckungsreise vor dir.»

Die Bäume warfen lange Schatten über den Weg, während wir Seite an Seite, voll Liebe und Achtung für einander, einherschritten.

17

Die geheimen Prophezeiungen der Tonkrüge

Nach einer langen Heimreise gönnten Agnes und ich uns ein paar Tage der Ruhe, an denen wir lange Wanderungen unternahmen, ehe wir zur Höhle der sieben Tonkrüge zurückkehrten. In der prächtigen, großen Höhle hielten wir zunächst ausgiebig Zeremonien ab.

Ich konnte es kaum erwarten, endlich anzufangen. Weder meine schmerzenden Glieder noch der Anflug von Klaustrophobie in der Höhle hielten mich davon ab. Sorgfältig breitete ich die Schriftrolle vor mir aus und beschwerte sie an den Ecken mit Steinen. Agnes half mir dabei. Ich nahm Papier und Stift zur Hand und begann mit der Arbeit.

Sanft fuhr ich mit den Händen über das Papier, um ihm meine Ehre zu erweisen. Die Buchstaben auf der Rolle waren leicht erhaben. Ich las den ersten Teil des Textes, in dem es darum ging, aus welchem Grund wir hier auf dieser Erde sind und woher dieses Wissen stammt. Ich warf einen Blick auf Agnes, die ich mit meiner Vorfreude auf das, was vor mir lag, offenbar angesteckt hatte.

«Agnes, hier heißt es, daß dieses Wissen vor vielen, vielen tausend Jahren sorgsam auf unserer Erde hinterlegt wurde. Viele Phasen der Geschichte kennen wir nur aus Überlieferungen – wie zum Beispiel Atlantis und Lemuria –, und viele sind längst vergessen und vergraben.»

«Ja», sagte Agnes und deutete auf eine der vielen Zeichnungen zwischen den Sätzen, Menschen, Schilde und vom Körper abgetrennte Häupter. «Infolge eines großen Krieges war das Wissen, das jedem zur Verfügung stand, der sich dafür interessierte und göttliche Vollkommenheit anstrebte, plötzlich erloschen. Viele Menschen, die wußten, daß die Erde eine Stätte des Lernens ist, wurden vernichtet. Frauen, die sich mit ihren Kindern versteckt hielten, wurden zu den heiligen Hüterinnen dieses Wissens. Sie – die Hüterinnen des Wissens an vierundvierzig Machtpunkten der Erde – entwickelten bestimmte Methoden, die du vielleicht als Ökotechnologien bezeichnen würdest. Damit waren sie selbst unserem heutigen Wissensstand voraus.

Schau dir nur das Papier an», sagte sie und nahm es sehr vorsichtig und sacht zwischen zwei Finger. «Es wurde vor vielen Tausenden von Jahren hergestellt und ist noch wie neu, weil es mit Kräuterrezepturen behandelt wurde, die schon lange verlorengegangen sind. Die alten Ägypter zum Beispiel kannten dieselben Rezepturen für ihre Mumifizierungen. Auch die Maya kannten sie – zumindest einige von ihnen.»

«Agnes, du mußt mir helfen. Hier heißt es, es habe einen Pfeil und Berge gegeben, und an dieser Stelle sieht es wie Ebenen aus. Stimmt das?»

«Ja, das ist tatsächlich Wüste», sagte sie.

«Soll dieser Punkt Süden bedeuten?»

«Dieser Kreis hier mit den Punkten stellt die Gestalt des heutigen Nordamerika dar, die Vereinigten Staaten. Und das hier ist ein Teil Kanadas», sagte sie. «Die Kreise und Punkte bezeichnen Stellen, an denen Zeremonien abgehalten wurden. Hier ist ein Symbol für die Sonne zu sehen und hier eins für den Mond. Im wesentlichen waren es männliche und weibliche Zeremonien. Und das hier unten», sagte sie und zeigte auf das Ende der Rolle, «stellt das heutige Mexiko und das heilige Land der Maya dar.

Erinnerst du dich an das mythische Land Cibola mit den sieben goldenen Städten? Das war eine Geschichte, mit der die spanischen Eroberer hereingelegt wurden. Sie war nicht ganz frei erfunden, denn es gab einen solchen Ort – einen heiligen Ort. Aber das Gold war das Wissen, die Weisheit, die dort aufbewahrt wurde. Das ist im Süden, und es verkörpert eine andere Lektion. Ein Großteil des Wissens stammt von den Nullhäuptlingen, wie man sie zuweilen bezeichnet. Viele heilige Räder stammen nicht nur von den Ureinwohnern Amerikas, sondern aus einer noch ferneren Zeit, lange vor den Tolteken. Dieses Wissen wurde in den sieben heiligen Städten aufgehoben.

Die Höhle hier ist eine Kraftverbindung zwischen den sieben heiligen Städten. Das Wissen und die Weisheit dort berührt das Wissen und die Weisheit der sieben Krüge und liegt in der Hand des Siebengestirns. Denn von dort kam das Wissen ursprünglich. Du nimmst also beim Öffnen dieses Kruges eine Kraftverbindung auf, die auf physischer Ebene in deinem Solarplexus gesichert wird. Sie wird dir helfen und dir in deinen Träumen Kraft verleihen. Sie wird deine Geistgestalt in die Lage versetzen, über ihr bisheriges Wissen hinauszugehen. Die Schwesternschaft ist die Brücke, und wir sind für dich der Anfang deiner Heimreise.»

«Aber, Agnes, ich dachte immer, ihr wärt mein Zuhause, ich lebte in euren Herzen und im Herzzentrum der Schwesternschaft.»

«Ja, meine Tochter, aber jede von uns hat einen anderen Ursprung.»

Ich betrachtete sie mit tiefer Zuneigung und Bewunderung. Dann wandte ich mich wieder der Schriftrolle zu und schrieb den vor mir liegenden Text weiter ab. Zu meiner Überraschung ging es im folgenden Abschnitt darum, wie wir uns als Wesen des Lichts erkennen, die hierhergeschickt wurden, um zu wachsen und zu lernen, die den stofflichen Körper als heilige Wohnstatt wählen, der gleichsam einen Spiegel darstellt. Das alles hatte ich bereits bei der Schwesternschaft gelernt und in meinen Büchern und an meine Schüler weitergegeben. Aber hier erfuhr ich zum ersten Mal etwas über die Quelle dieses Wissens. Ich gebe hier die Übersetzung wieder. Beim Lesen half Agnes mir an einigen Stellen, wenn ich Schwierigkeiten mit der Entzifferung oder Deutung der Schriftzeichen hatte. Ein paar Sätze später wurde das Erkennen erläutert: Wir würden einander an unseren Augen erkennen. Alle, die sich in der endlosen Weite eines einsamen Bewußtseins abgesondert und verirrt vorkommen und trotzdem vieles verstehen, was andere nicht sehen, würden einander finden. Wir sind Kinder einer ungeheuren Kraft, und unsere Prüfung besteht darin, daß wir uns einen Weg durch diese Wildnis bahnen müssen, in der uns manches fremd und unbekannt ist, um unsere Schwestern und Brüder zu finden und sie zu unterstützen. Als erstes müssen wir begreifen, daß wir hier sind, um zu lernen, um unseren Weg zu dem Göttlichen zurück zu finden, das wir sind.

«Agnes, was ich dich schon immer fragen wollte, warum müssen wir so viel Leid erdulden? Natürlich muß man, um zu wachsen, durch das Feuer gehen. Das sehe ich ein. Aber wenn wir doch einmal zu Hause waren, warum bleiben wir nicht da?»

Agnes fand das lustig und lachte – wie immer, wenn ich einen offensichtlich dummen Kommentar abgegeben hatte. Aber ich bestand auf einer Antwort.

«Meine Tochter, wir können die Mysterien des Großen Geistes nie erklären. Warum wirkt die Macht so und nicht anders? Es ist nicht meine Aufgabe, das begreiflich zu machen, und ich will mich damit auch nicht belasten. Ich kümmere mich um das, was *ist*. Es gibt kein ‹normales Leben› oder eine Erklärung für die ‹Herausforderung des Lebens›. Es gibt nur das Leben selbst.»

«Agnes, du weißt doch bestimmt mehr, als du mir sagen willst!»

«Natürlich! Wenn ich dir diese Suche aber abnähme, wäre dir die Erfahrung für immer genommen. Du mußt im Dunkeln herumtappen, dir die Knie wundscheuern, dir den Kopf anstoßen und dir immer wieder aufs neue das Herz brechen lassen, bis du lernst. Aber was du dann lernst, meine Tochter, hast du für immer gelernt.

Auch ich habe diese Fragen gestellt, ehe ich die Antwort fand, das kannst du mir glauben. Alle großen Lehrer haben dieselben Fragen gestellt. Dein Wissensdurst, deine Neugier und Unschuld, dein Gefühl und deine Beziehung zur Macht erlauben dir, durchzuhalten, selbst wenn viele Kräfte in der Welt versuchen, dich zu vernichten. Denn ihre negative Ausstrahlung und ihr Unwissen wollen ebenso überleben wie du.»

«Aber wenn ich lerne und verstehe und weise werde, heißt das doch noch lange nicht, daß alles andere nicht neben mir bestehen kann.»

«So?» erwiderte Agnes. «Wenn dein Licht größer wird, dann verschwindet die Dunkelheit. Wie kann es dunkel sein, wenn die Sonne scheint? Das geht nicht. Die dunklen Mächte wissen das, und sie wollen dein Licht Tag für Tag und auf Schritt und Tritt schwächen.»

«Aber Agnes», sagte ich und kam auf meine ursprüngliche Frage zurück, «wieso haben wir denn überhaupt erst unser Zuhause verlassen?»

«Manchmal, Kleine Wölfin, merkt man nicht, daß man zu Hause ist. Erst wenn man es verloren hat, merkt man, was man hatte. Das ist eine der wichtigsten Erkenntnisse eines jeden Lebens auf dem Weg des Geistes.»

In der Schriftrolle hieß es weiter, man sei, wenn man auf dieser Erde Gestalt annehme, mit der Möglichkeit der Zellverjüngung ausgestattet. Man könne mit anderen Worten auf diesem Planeten so lange leben, wie man wolle. Es läge jedoch an jedem einzelnen, diese Möglichkeit zu finden, indem man sein Herz den Schwingungen des Lichts öffne (wobei das Wort Schwingungen nicht vorkam). Das war meines Erachtens eine der wichtigen Lektionen der Schriftrolle.

Des weiteren wurde beschrieben, wie die Macht des Geistes anzuwenden war, um die Blutzellen mit Licht zu füllen – was ich als Visualisierung und Träumen interpretierte. Was man sich vorstellt, kann wirklich existieren. Der Grund für unser Altern, hieß es, sei, daß bestimmte Zellen (T-Lymphozyten, glaube ich) in unserem Körper schlummern und wir nicht wissen, wie wir sie aktivieren sollen. Das geschieht durch zelluläres Licht. Haben die Zellen einmal zu wirken begonnen, werden wir nicht mehr krank im herkömmlichen Sinne. Das alles war in Worten beschrieben, die Zeilen waren Blitzen gleich, und eine winzige Sonne strahlte in Gestalt einer Fruchtbarkeitsgöttin.

Für das Herz gab es verschiedene Symbole – das Herz in Bäumen, in Bergen, in Gewässern. Ich sah Bilder von Kindern, die uns meiner Meinung nach mitteilen, daß wir vollkommen offen und mit reinem Herzen von einem Ort unvorstellbaren Friedens in die Welt treten sollen. Die Definitionen, die ich fand, hatten viel mit Schönheit zu tun: in der Schönheit liegt Wahrheit.

Den weiteren Ausführungen war zu entnehmen, daß das Leben ein großartiges Geschenk für jede Seele sei und daß für jeden von uns in jedem Leben, für das wir uns entscheiden, die Möglichkeit der Erleuchtung in greifbarer Nähe sei. Wir seien hier, um zu lernen, aufzuwachen und das Wesen unseres Geistes zu finden – uns klarzumachen, wer wir sind. Dieser Sachverhalt war auf unterschiedliche Art ausgedrückt. Wir erkennen einander allein aufgrund der Tatsache, daß wir uns auf unserem Weg einsam und in vielen Bereichen von den anderen abgesondert fühlen. Vieles, das in dieser Welt geschieht, erscheint uns fremd. Wir empfinden uns irgendwie als etwas Besonderes. Deshalb halten wir unseren Weg für schwierig. Die Schrift deutete an, daß wir nur durch die Anfechtungen eines gelebten Lebens wachsen und Vollkommenheit erlangen können.

Während ich das alles niederschrieb, weitete sich mein Herz. Diese Erfahrung verlieh mir das Gefühl, außerordentlich gesegnet und beschenkt zu sein. Ich wunderte mich über die Dunkelheit in der heutigen Welt, über die enormen Schwierigkeiten, auf Menschen des Geistes zu stoßen. Ich kann mich glücklich schätzen, daß ich meine Lehrerinnen habe und fähig bin, dieses Wissen anderen zu vermitteln, Bücher zu schreiben, zu üben und zu lehren.

Hin und wieder bat Agnes mich, die Arbeit zu unterbrechen. Sie reichte mir Wasser. Sie hatte Bananen und Pflaumen und ein Paar Streifen Dörrfleisch mitgebracht, die mir helfen sollten, die lange Nacht, die vor mir lag, zu überstehen. Diesmal konnten wir die Nacht über in der Höhle bleiben, weil ich jetzt den Inhalt des ersten Kruges lesen durfte.

«Warum hat es so lange gedauert, bis die Gesellschaft sich diesen Ideen öffnete und Autoren endlich über ihre Entdeckungen sprechen oder schreiben konnten?»

«Weil wir uns unter einer großen Woge des Bösen verirrt haben. Hier ist es bildlich dargestellt», sagte sie und deutete auf eine Stelle im Text. «Die dunklen Kräfte, die auf diesen Planeten kamen, haben unsere Energien oft genug abgelenkt. Vieles mußte im verborgenen bleiben. Es ist keine Frage, daß die Macht sich zur Zeit verschiebt. So wie vorausgesagt wurde, daß die Pole sich in nächster Zukunft verschieben, wird sich das Gleichgewicht der Kräfte verschieben.»

Der Schriftrolle war zu entnehmen, daß wir zur Zeit einen verheerenden Krieg gegen das Böse führen, das sich im verborgenen aufhält. Was wir bräuchten, sei Harmonie und Wachsamkeit.

Die Zeichnungen am Rande der Schriftrolle mußte man rückwärts lesen. Sie begannen auf der rechten Seite und wurden gegen den Uhrzeigersinn fortgesetzt. Ich sah eine Sternenreihe und Gegenstände, die gleich Meteoriten auf die Erde und auf andere Planeten fielen, obwohl ich nicht wußte, um welche Planeten es sich handelte. Vor der Küste von Kalifornien waren an der Stelle, wo sich heute die Inselgruppe von Hawaii befindet, Inseln eingezeichnet, die eine längliche Form hatten und wesentlich größer waren. Andere Landmassen wiederum waren miteinander verbunden. Entweder sollten diese Zeichnungen geographische Veränderungen voraussagen, oder sie teilten mit, wie die Erde vor der Entstehung der Schriftrolle ausgesehen hatte.

Andere Bilder verkündeten Feuersbrünste, Sturmfluten, Erdbeben und andere Veränderungen auf der Erde, die offenbar je nach der spirituellen Gesundheit des Planeten auftraten. Es hieß, in der Welt der Materialisation stehe der Geist an erster Stelle, die Körperlichkeit an zweiter. Solange wir mit gesundem Geist wachsen, ist die Erde gesund. Im Süden der Karten waren sogar Hunderte gefällter Bäume eingezeichnet. Ich legte diese Stelle als Hinweis auf das Sterben der Regenwälder aus.

Wie bei allem betrachtete Agnes die Übersetzung und die Abschrift der Schriftrolle teils als Übung, teils als Lernprozeß. Sie deutete zum Beispiel auf Zeichnungen und bat mich, sie mir genau anzusehen. Dann sollte ich mich von der Schriftrolle abwenden und ihr genau beschreiben, was ich gesehen hatte. Ich stellte fest, daß ich in meiner Aufregung manches übersah, wie zum Beispiel die Konfiguration von Sonne und Mond oder von Sternen. Diesen Vorgang wiederholte sie so lange, bis meine Absicht und meine Aufmerksamkeit vollkommen klar waren.

Erneut fuhr ich sanft mit den Händen über die Schriftrolle und hielt an einer Stelle inne, an der eine Art Landkarte eingezeichnet war. Ich sah die Beschreibung einer Weggabelung. Sie bezeichnete einen bestimmten Zeitpunkt in der Geschichte, an dem wir vor eine Wahl gestellt würden. Es erinnerte mich an die Prophezeiungen der Hopi-Indianer, daß die Menschheit die Welt retten könne, wenn sie sich für ein geistig harmonisches Leben entschied. Wenn wir aber den Geist ausschließen und ein durch Materialismus und Raffgier bestimmtes Leben vorziehen, dann werden nicht nur wir selbst scheitern, sondern auch Mutter Erde wird ins Schwanken geraten und sterben. Dieser Abschnitt setzte sich erneut mit dem Siebengestirn auseinander. Es hieß, alle Heiligkeit, die es je auf Erden gegeben habe, stamme von einem der sieben Sterne der Plejaden. Alle Religionen, die sich auf unserem Planeten entwickelt haben, stammten von einem der sieben Sterne.

Die Schrift betrachtete den Materialismus in der dinglichen Welt als Spiegel. Wenn wir diese Lektion auslassen, sind wir nie in der Lage zu verstehen, warum wir auf einem physischen Planeten geboren wurden. Dem Materialismus entspringt ein gewisses Streben, das einen Menschen zerstören kann: Sich ohne Geist im Dunkel der Macht zu verirren heißt, sich für immer zu verirren.

Die letzte Zeile war sehr deutlich. Dort hieß es: «Nur durch Liebe kann man das Böse heilen, das euch als Volk einzunehmen droht.»

Als ich die Abschrift schließlich fertiggestellt hatte, brannten meine Augen, und der Rücken tat mir weh. Ich war völlig erschöpft. Agnes und ich legten uns so auf den Boden, daß unsere Körper sich nach der Position der Plejaden im Universum auf der Höhlenkuppel ausrichteten. Agnes bat mich, die Augen zu schließen, mich in einen Traumzustand zu versetzen und die Hüterin der sieben Tonkrüge anzurufen: «Denke an die Botschaften, die du erhalten hast.»

Ich änderte meine Lage, so daß mein Kopf zur Sonne und meine Füße zum Mond zeigten, die in leuchtendem Glimmer eingezeichnet waren. Ich schloß die Augen und spürte sogleich ein Hämmern im Kopf. Ein starker Energiestrom durchzog meinen Körper, daß mir fast übel wurde.

Agnes legte eine Hand auf meinen Solarplexus und erinnerte mich mit sanftem Druck ans Atmen. Sie spürte, daß ich Schwierigkeiten hatte, richtete sich auf, bettete meinen Kopf in ihren Schoß und legte mir eine Zeitlang die Hände über die Ohren. Dann fuhr sie mit den Daumen hinter meinen Ohren am Schädel entlang nach unten.

Die Höhle begann sich zu drehen. Ich hielt die Augen geschlossen, wußte ich doch, daß die Drehung aufhören würde, wenn ich mich konzentrieren und mein Kraftzentrum halten konnte. Plötzlich stieg meine Geistgestalt aus meiner Schädeldecke und flog zur Höhlenkuppel empor. Ich dachte noch, ich müßte in der Höhle bleiben, erblickte aber unter mir bereits meinen Körper und Agnes, die mit geschlossenen Augen betete und noch immer meinen Kopf hielt. Ich hörte auf, darüber nachzudenken, und glitt in meiner Geistgestalt durch den schmalen Luftschacht nach oben.

Mit einem Mal erschien eine große Traumbärin vor mir. Es war eine riesige Grizzly-Bärin, die sich mit erhobenen Vorderpranken auf den Hinterbeinen aufrichtete. Sie drehte sich um die eigene Achse und zeigte mir ihre vier Seiten, wie es für ein Totemtier üblich ist. Dann wandte sie sich mir zu, setzte sich und begann, sich mit ihren riesigen Krallen Brust und Bauch aufzureißen. Kein Blut floß, kein Schmerzenslaut war zu hören, es war, als würde sie einen Überzieher öffnen. In ihr saß eine sehr alte Frau aus einer mir unbekannten Kultur. Sie war hellhäutig, und die langen schwarzen Haare mit grauen Strähnen hingen bis auf den Boden herab. Sie schaute mich mit unverhohlener Neugier an. Ich wich ihrem Blick nicht aus. Es war kein unangenehmer Blick, sondern er drückte eine Liebe und ein Einvernehmen aus, als ob wir uns schon seit Urzeiten kannten. Unzählige Fragen lagen mir auf der Zunge, aber ich war von Ehrfurcht ergriffen und wie verzaubert. Meine zitternde Geistgestalt saß nur da und bemühte sich nach Kräften, zu verstehen. Die Alte lächelte mir freundlich zu wie eine Mutter ihrem Kind. Ich spürte, daß sie wußte, was ich fühlte und dachte.

Sie sagte nur: «Sieben Tonkrüge», und reichte mir ihre linke Hand – ihre Machthand –, die ich mit meiner Machthand ergriff. Ich spürte ein ungewohntes Kraftfeld; irgendwie schien ihre Berührung mich zu verändern.

«Lehre mich, Großmutter», stammelte ich schließlich. «Ich ehre dich mit meinem Leben.»

Die weise Alte nickte und stand auf. Die Bärin – ihr Totem – schien hinter ihr zu stehen und sie zu beschützen, als sie jetzt auf mich zutrat. Sie legte mir beide Hände auf den Kopf und ließ sie langsam an meinem Körper entlanggleiten. Dabei fiel meine Geisthaut von mir ab wie ein Kleidungsstück, so wie die Bärenhaut von ihr abgefallen war. Ich stand nackt in meinen Geistknochen vor ihr und hatte Angst, mich zu bewegen. Flüchtig schoß mir der Gedanke durch den Kopf, ob meine Haut je wieder zurückkehren würde. Doch dann fiel mir ein, daß es meine Geistgestalt war. Die Alte drehte mich viermal um mich selbst und kehrte anschließend wieder zu ihrem Platz zurück.

«Nun fängst du an, dich zu verändern», sagte sie. Ich schaute sie fragend an. «Wenn dir die sieben Krüge gezeigt werden und du von ihrer Stellung auf dieser Erde weißt, wenn du etwas von den grundlegenden Bedeutungen des Lebens zu lernen beginnst – wenn dein Herz offen ist, weil du mich nur in deiner Unschuld finden kannst –, dann dringt der Geist der sieben Tonkrüge in dich ein. Und du wirst schwanger mit Wissen, von dem du nicht wußtest, daß du es besitzt. Während du zur Mutter der Weisheit wirst, beginnt sich dein Körper langsam, aber sicher zu verändern. Die Weisen unter euch werden dich ansehen und wissen, daß du dich verändert hast. Für die anderen bist du wie immer. Aber nichts bleibt, wie es ist. Das ist das Geschenk der sieben Tonkrüge: Sie schenken dir den Grund dafür, warum du hier bist.»

Sie nahm meine Hände und führte sie an ihre Stirn, dann zu ihrem Herzen. Dabei setzte sich meine Geistgestalt wieder zusammen. Sie sah genauso aus wie vorher, fühlte sich aber anders an.

«Wir werden uns wiedersehen», waren ihre abschließenden Worte. Sie verschwand im Körper der großen Traumbärin, die jetzt wild und gefährlich war und angriffslustig auf mich zukam.

Plötzlich war ich wieder in meinem Körper. Agnes weckte mich. «Du warst ein paar Stunden bewußtlos», sagte sie. «Es wird Zeit. Wir müssen die Höhle immer zu einer bestimmten Zeit verlassen. Es ist wichtig, und es ist Gesetz.»

Sie zeigte mir, wie die Abschiedszeremonie abzuhalten war und wie ich die Schriftrolle sorgfältig und andächtig aufrollen mußte. Ich gab mir die größte Mühe. Dann beteten wir zusammen, ließen Gaben zurück und stellten den Tonkrug wieder neben die anderen auf den Sims. Wie gern hätte ich die anderen berührt; ich wollte ihren Inhalt lesen, wagte es aber nicht. Ich dachte daran, wie der Schamanenstein in der Schriftrolle dargestellt gewesen war. Es war sogar prophezeit worden, daß er einst in Gefahr sein würde, daß seine Anwesenheit bei Zeremonien unter den vierundvierzig Frauen, die ihn behüteten, geheimgehalten werden müsse.

Langsam verließen wir die Höhle und gelangten zum Eingang. Erneut wunderte ich mich, wie leicht der große Stein wieder an Ort und Stelle glitt. Dann wischten wir mit immergrünen Zweigen gründlich über den Boden, so daß niemand, der zufällig vorbeikam – was sehr unwahrscheinlich war –, die Spuren eines anderen Menschen entdecken würde.

Wir folgten dem steilen Pfad bergab durch die Vorberge zurück zu Agnes' Hütte. Agnes bat mich, zu schweigen, leise aufzutreten und über das Gelernte nachzudenken, über den Platz, den wir alle in diesem Kosmos der Mysterien innehaben.

18

Das Rad der dunklen Schwester

Agnes und ich saßen am Holztisch vor ihrer Hütte beim Essen.

«Agnes, ich habe nun zum ersten Mal in der dritten Person über unser gemeinsames Leben geschrieben. Es war nicht leicht, die einzelnen Teile zusammenzufügen, den Traum von Sin Corazón zu träumen, mich auf sie einzulassen und ihre Geschichte niederzuschreiben, um anderen Menschen die Möglichkeit zu bieten, aus den Herausforderungen, vor denen sie stand, Wissen und Weisheit zu schöpfen. Ich stand vor dem Problem, ob ich überhaupt imstande wäre, die Ereignisse sinnvoll zusammenzufassen. Ich hätte noch vieles zu sagen, aber es hängt davon ab, wann du bestimmte Aspekte dieses Wissens aufgedeckt haben willst.»

«Nun», ließ sich Ruby vernehmen und trat aus dem Schatten, wo sie sich offenbar ausgeruht hatte, «ich finde, du hast vorzügliche Arbeit geleistet. Es ist müßig, weiter darüber zu diskutieren.»

Agnes und ich tauschten verwunderte Blicke und zuckten die Schultern.

«Kleine Wölfin», fragte Agnes, «was hat die Sache für dich eigentlich so schwierig gemacht?»

«Ich glaube, es liegt daran, daß ich zu naiv und optimistisch darangegangen bin. Ich wollte vor Gedanken oder Taten des Bösen die Augen verschließen. Die dunkle Seite gehörte für mich in die Welt der Schmerzen und des Verrats, die mich nicht interessierte. Trotzdem war mir klar, daß ich sie unbedingt begreifen mußte. Wie hätte ich sonst in der Lage sein sollen, jemanden zu führen, der sich in diesen Bereichen verirrt hatte?»

«Das stimmt, Lynn. Darüber hinaus mußtest du die Verführungskünste eines wirklichen Schwarzmagiers begreifen. Sie tun oft etwas anscheinend Reizvolles, obwohl es letztlich alles andere als reizvoll ist. Wie oft kommt es vor, daß ein Mensch einen anderen beeinflußt und umgarnt, um ihn sich schließlich fest einzuverleiben. Diese Verführer schieben dem anderen die Schuld zu, wenn etwas schiefgeht. Aus Schuldgefühlen beziehen sie ihre Macht.

Sin Corazón war wie alle Menschen, die sich auf dem Medizinrad der Zauberei und Dunkelheit bewegen: Sie sind in allen vier Richtungen in ihrer eigenen Schwäche gefangen.»

Agnes zeichnete einen Kreis auf den Boden mit einem Kreuz in der Mitte, das die vier Himmelsrichtungen angab.

«Der Süden auf dem Rad der Dunkelheit», erklärte Agnes, «ist Habgier – nach materiellen Dingen, nach der Umsetzung von Ideen ins Gegenständliche mit Hilfe hinterhältiger Manipulation, Bereicherung durch Diebstahl und oft auch mit Hilfe von Mißbrauch.

Der Westen ist der Neid auf die Träume anderer Menschen und der Wunsch, anderen zu nehmen, was sie erreicht haben. Deshalb ist der Südwesten der Ort der Schwarzmagier, weil sie immer zwischen Neid und Habgier schwanken. Oft sind sie felsenfest davon überzeugt, daß sie allein im Besitz von Wahrheit und Ideen sind. Es mag sein, daß sie dem Großen Geist gegenüber ein Lippenbekenntnis ablegen, aber sie brechen die Kraftverbindung mit dem Großen Geist ab.

Im Norden des Rades der Finsternis befindet sich das, was andere Lehrer eine Art spirituellen Materialismus genannt haben. Er benutzt den Geist auf eine falsche Weise. Es ist sehr wichtig, das zu verstehen. Vor langer Zeit wurden Menschen des

Geistes von der Gemeinschaft und vom Großen Geist umsorgt. Aber die Welt war damals viel kleiner, Ansprüche an das materielle Leben waren praktisch nicht vorhanden. Heutzutage stehen die Menschen vor dem Problem, ihre finanziellen Bedürfnisse mit der Welt des Geistes in Einklang zu bringen. Das ist eine der Lektionen, die wir in der Massengesellschaft lernen und uns genau einprägen müssen.

Die Position des Geistes auf dem Rad der Finsternis ist Götzendienst. In Wirklichkeit steht niemand zwischen dir und deinem Gott. Im Norden befinden sich auch festgefahrene Ideale, die Unfähigkeit zu wachsen und eine starre Wahrnehmung, so daß man nicht in der Lage ist, das Leben als Ganzes zu erkennen, sondern nur noch die eigene beschränkte Stellung darin.

Der Osten des Rades ist der Punkt des unehrlichen Geistes – mit anderen Worten, das Bedürfnis nach Manipulation, Herrschsucht und Neid. Diese Position ist sehr mächtig, denn die Menschen, die darin leben, haben die zwanghafte Veranlagung, ihre Umgebung beherrschen zu wollen – jedoch nur zu ihrem eigenen Nutzen. Nicht zum Nutzen des Großen Geistes oder der Welt. Es geht nur um den eigenen Vorteil um jeden Preis.

Ja, die Fähigkeiten eines Schwarzmagiers bewegen sich auf diesem Rad. Zu Anfang begab sich Sin Corazón an einen Punkt der Wißbegier. Zwischen Wißbegier und unschuldiger Neugier besteht ein himmelweiter Unterschied. Wißbegierige sind oft listig, sie nehmen, was nicht ihnen gehört, ohne Wenn und Aber. Damit fängt der Weg in die Finsternis an. Sin Corazón machte sich auf in den Urwald; sie lernte bei dem großen Zauberer, und sie lernte viel. Vergiß nicht, er wird sie von seiner Position im Osten aus verfolgen und zu verletzen trachten. Er wird versuchen, die Beziehung zwischen ihr und Julio zu zerstören, weil er Sin Corazón besitzen will.

Zunächst also begab sich Sin Corazón mit ihm auf das Rad des Zauberers. Sie erwarb gewisse Kenntnisse wie die Pirsch, die

Manipulation und schwarze Rituale. Dann machte sie sich auf in den Norden, aber seine starren Ideale schränkten ihre Wahrnehmung ein, und sie vermochte die Wahrheit nicht mehr zu erkennen. Seine Macht und die Dinge, auf die er Wert legte, versetzten sie jedoch in die Lage, viel Wissen anzusammeln. Sie ist begabt und besitzt dank ihrer Ausbildung bei der Schwesternschaft ein rasches Auffassungsvermögen. Es gelang ihr, eine Brücke zwischen Finsternis und Licht zu schlagen und zunächst unbemerkt über diese Brücke zu gehen.

Als man ihr sagte, ihr Mann habe sie wegen einer anderen Frau verlassen, machte sie sich auf in den Westen. Ihr Gram zwang sie in die Knie. Ihr heiliger Traum wich dem Schock. Erst in der Beziehung zu Julio konnte sie diesen Traum wieder in ihr Herz holen. Sie machte sich auf in den dunklen Westen des bösen Traumes, wo der Tod nahe ist. Sie benutzte den Tod als Verbündeten, weil sie keine Angst hatte. Nachdem sie ihren Mann verloren hatte, war ihr das Leben gleichgültig geworden. Sie dachte wirklich, sie hätte keinen Grund mehr zu leben, und gab den dunklen Abarten der Macht nach.

Im Osten wurde sie Meisterin der Beherrschung. Sin Corazón beherrschte Männer, ohne ihnen etwas dafür zu geben. Sie brachte niemandem Licht, am wenigsten sich selbst.»

Agnes hielt einen Augenblick inne und legte die Stirn in Falten. «Kleine Wölfin, was hat sie aus den Augen verloren und jetzt wiedergewonnen? Was verliert ein Schwarzmagier auf seinem Werdegang? Sie konnte auf alle mögliche Art und Weise betrügen, konnte sich verstecken, ohne entdeckt zu werden, und konnte den dunkelsten Traum heraufbeschwören und in die Tat umsetzen.»

«Ich kann mir diese Art von Macht nicht vorstellen», sagte ich. «Ich habe Sin Corazón immer verehrt. Ich hatte keine Angst vor ihr, weil ich nicht an das glaube, was sie tut. Aber ich finde, eine Zauberin tötet nicht, sondern sorgt dafür, daß der Betroffene sich selbst mit dem eigenen Entsetzen umbringt.»

Ruby und Agnes stimmten mir zu.

«Was ich aber bei Sin Corazón in ihren dunkelsten Zeiten vermisse, ist schöpferische Kraft.»

«Sie war in ihrer Dunkelheit zu präsent», erklärte Agnes.

Ich dachte eine Weile darüber nach. «Du meinst, sie konzentrierte sich so stark auf den Wunsch, böse zu sein, daß ihr Ego übermächtig wurde?»

«Ja», sagte Agnes. «Und wenn du so ein riesiges Ego schaffst, was passiert dann? Schau dich doch einmal in deiner Gesellschaft um. Was ist denn mit den Magiern der Wall Street? Was ist mit den Zauberern, die sich Juristen und Ärzte und Politiker nennen? Ich will damit nicht sagen, daß es nicht auch gute Juristen und Ärzte gäbe, aber viele unter ihnen sprechen nicht aus dem Herzen und handeln nicht unter dem Gesichtspunkt des Heilens. Was ist mit denen?»

«Ich finde, solchen Leuten fehlt es an Inspiration». Ich betrachtete das Rad im Sand vor mir und deutete nacheinander auf die vier Richtungen. «Ein Neidhammel kann weder schöpferisch tätig noch besonders inspiriert sein. Er steht sich nur selbst im Weg und wirft Schatten seines eigenen Unglücks. Dann geht er in den Osten. Wie kann ein Mensch mit trügerischem Sinn jemals eine neue Idee hervorbringen? In der Finsternis kann nichts Schönes liegen, weil Schönheit schöpferische Kraft beinhaltet.»

Ich atmete tief ein und schaute hinauf zu den Bergen. Die Sonne versank, und in den tiefen Taleinschnitten bildeten sich dunkelgrüne, purpurne und indigoblaue Schatten. Ich überlegte, wieviel Leben ausschließlich in der Dunkelheit abläuft: Pirschen, Jagen, der Kampf ums Überleben. In uns allen steckt uneingestandene Wildheit.

«Unser durch Gesetze und Verordnungen geregeltes Leben hindert viele unter uns daran, den wilden Geist, der in uns allen schläft, zu erfahren», sagte ich meinen Lehrerinnen. «Wenn dieser Geist irregeleitet wird – wie es zum Beispiel geschieht, wenn Mutter Tod oder die Verrückte nicht zum Ausdruck kommen –, geht die Betroffene hinaus in die Nacht, oder? Sie begibt sich an verborgene, heilige Orte, wo es verboten ist, zu leben, zu überleben. Wenn wir nur Rituale hätten, bei denen wir alle Seiten unseres Wesens ausdrücken könnten, dann würde die Finsternis nicht auf den Kern unseres Wesens übergreifen und unsere Art zu lieben und zu denken in die Irre leiten.»

«Aber deshalb schreibst du ja, meine Tochter. Darum sind wir ja hier auf Erden – weiterzugeben, was uns geschenkt wurde, und ein Spiegelbild des Großen Geistes für alle zu zeichnen, die diese Liebe in sich beheimaten wollen.»

«Kreativität war für mich schon immer ein spiritueller Prozeß», sagte ich. «Wenn ich mich dir am nächsten fühlte, wenn ich mich dem Großen Geist am nächsten fühlte, gelangte ich an einen Ort der Wonne – das ist das einzige Wort, womit ich die Gefühle, die in mir aufwallen, beschreiben kann.»

Die Sonne war untergegangen. Die Nacht war warm, und Wetterleuchten zuckte über den Himmel, so daß die Wolken am Horizont wie Geisterschlösser wirkten.

Ruby hob einen alten Korb auf, in dem sie ihre Perlenstickerei und die Handarbeit aufbewahrte. Sie kippte den Inhalt auf den Boden und reichte mir den leeren Korb. «Fülle ihn», sagte sie, «mit Steinen, deinen Mokassins, mit allem möglichen. Los», befahl sie.

Verwundert fragte ich mich, worauf Ruby wohl hinauswollte, und begann, alles, was um uns herumlag, einzusammeln, sogar ein Stück getrocknetes Fleisch, bis der Korb randvoll war.

«Und jetzt?» fragte ich.

«Jetzt», sagte sie, «sieht es aus wie Sin Corazón, als sie sich vollkommen verirrt hatte.» Ruby schaute mich fragend an, als erwarte sie eine Antwort oder Entgegnung.

«Aber ich dachte, Sin Corazón sei deiner Meinung nach leer und einsam gewesen und habe ein großes Loch in sich gehabt.»

«Nun ja, das ist die eine Seite der Wahrnehmung. Natürlich, es stimmt, daß sie leer war. Aber sie war leer, weil sie so angefüllt war.»

Agnes und Ruby stießen sich mit den Ellbogen in die Seite und lachten angesichts meiner Verwirrung.

Ich versuchte, mir Sin Corazón vorzustellen, angefüllt mit Steinen und anderen Gegenständen.

«Du bist nicht mit den materiellen Dingen deiner Erdenwanderung angefüllt», erklärte Ruby. Sin Corazón aber war voll mit Ideen, Starrheit, Neid, Kummer und einem abgestumpften Geist, der meint, alles zu wissen, was es zu wissen gibt. Der Korb stellt diese Art von Fülle dar. Menschen stopfen sich mit unbedeutenden, überflüssigen Produkten der dinglichen Welt voll um der Fülle willen, nur um sich nicht damit auseinandersetzen zu müssen, wer sie eigentlich sind. Verstehst du, Kleine Wölfin?»

Ich ließ ihre Worte auf mich einwirken und dachte an den Korb in mir, der bis zum Rand voll war. Allein bei dem Gedanken daran fühlte ich mich einer Ohnmacht nahe. Ich wußte, worauf sie hinzielte.

«Du willst also sagen, Ruby, daß man, wenn man bis obenhin voll ist, keinen Platz für Neues hat.»

«Richtig», sagten Agnes und Ruby gleichzeitig.

«Ich verstehe. Es bleibt kein Raum für schöpferische Kraft», sagte ich.

«Wer mit Plänen angefüllt ist, wer denkt, daß das, was er weiß, wahr und wichtig ist, dem geht die Kreativität verloren.»

Ich atmete tief ein, schloß die Augen und schüttete den Korb aus. Als er leer war, hielt ich ihn lange an meinen Solarplexus. Ich ließ Gedanken zu, ließ sie durch meinen Kopf kommen und gehen. Ich blieb nicht an ihnen hängen und unternahm keinen Versuch, sie zu halten. Bald beruhigten sich meine Gedanken, und das Leben schien einfacher. Es war ein friedlicher Augenblick, und ich spürte einen Schaffensdrang in mir aufkeimen – eine Geschichte oder ein Traum, die nur darauf warteten, daß ich sie zur Welt brachte und ihnen eine Stimme verlieh, damit andere sie hören konnten.

Ich wurde noch ruhiger, die Leere wurde noch nachhaltiger. Ich hatte das Gefühl, daß mein Innenraum immer größer wurde, daß die Wände meines Bauches gegen das Knochengerüst und die Haut meines Körpers stießen. Mir war, als löste sich mein Körper für kurze Zeit auf, als existierte ich nicht mehr in körperlicher Form.

Agnes trat hinter mich und legte eine Hand auf einen bestimmten Punkt in meinem Rücken. Ich glaube, sie pochte mit den Knöcheln gegen meine Wirbelsäule, und ein wunderbares Gefühl der Wonne überkam mich. Der Kosmos leuchtete in mannigfaltigen Farben und sprühte Funken, ähnlich denen, die ich in der heiligen Traumzeit gesehen hatte. Ich wollte nicht in meine Geistgestalt schlüpfen und irgendwohin gehen, sondern nur in dieser Leere verweilen. Dabei begann ich die tiefe Bedeutung von Einfachheit zu begreifen, von Weisheit, die der Große Geist in eines Menschen Bewußtsein bringt.

Ganz ruhig und leise sagte Agnes: «Wenn du fort bist, wenn es dich nicht mehr gibt, wenn du in den Schlag der Muttertrommel eingegangen bist» – sie schlug einen sehr langsamen Rhythmus auf ihrer Trommel an –, «laß dein Bewußtsein mit dem Trommelschlag klopfen und höre dich selbst. Höre den Großen Geist, der mit Weisheit zu dir spricht.

Wenn du verschwunden bist, stehen dir alle Möglichkeiten offen. Lehre deine Schüler, ihr Bewußtsein von ihrem berechnenden Verstand zu trennen. Laß sie eine direkte Brücke schlagen zum Unterbewußtsein, wie du es nennst, zu den Traumstätten des Universums. Dann bist du reine schöpferische Kraft, und dann ist nichts mehr unmöglich für dich. Du bist imstande, den größten Roman zu schreiben, du kannst die heilsamste Zeremonie beschwören und sie deinem Volk vorführen. Schönheit umgibt dich. Licht wird dein Diener, so wie du Dienerin des Lichts wirst. In der Tiefe dieser schöpferischen Kraft wirst du eines Tages deinen Tod kennen. Alles, was auf der guten Mutter Erde geboren wird, muß eines Tages unseren Blicken entschwinden. In diesen Augenblicken sind wir voll Kummer und verstehen nichts, aber in deiner absoluten Leere gibt es keine Trennung von dem, was jemals gelebt hat oder was je sein wird. Für dich gibt es immerzu neue, veränderte Wege, immer einen Anfang, der einen Kreis beschreibt, um vom Ende verschlungen zu werden. Du wirst auf diesen vielen Pfaden wandeln. Sie werden wie die Saiten einer Harfe sein, wie Energiebahnen, die mit der Musik schwingen, und du wirst die Fäden festhalten.

Jeder Mensch stellt eine andere Zeichnung her, ein anderes Gewebe, das wir die Seele nennen. Wenn du von Wonne erfüllt bist, wie du sagst, dann triffst du deine Seele und lernst sie kennen. Wenn das geschieht, wie beim Öffnen des ersten Tonkrugs, veränderst du die Struktur deines Karmas, deiner Geschichte. Andere werden an deine Stätten kommen, während du weiterziehst, um neue, stabilere Stätten zu errichten. Du bist die Auserwählte, meine Tochter.»

Als Agnes schwieg, war mir, als schösse ein Meteor von Westen nach Osten. Er leuchtete lavendelblau auf, bevor er den Horizont erreichte.

«Vielleicht sind das unsere Schwestern von weither», sagte Agnes. «Vielleicht werden wir schon in Kürze mit ihnen reden.»

19

Das Geschenk der Vervollkommnung

Der Himmel über Agnes und mir erstrahlte in einer Mischung aus Purpur und Orange. Agnes streckte eine Hand aus und berührte mich an der Schulter.

«Meine Tochter, in welcher Beziehung steht die Geschichte von Julio und Sin Corazón zu den Lehren der Tonkrüge? Sag mir, was du herausgefunden hast.»

Eine Zeitlang dachte ich mit geschlossenen Augen nach, versuchte, meine Mitte zu finden und mich an meinen Kraftort zu begeben.

«Ich weiß nun, daß ich mich, wenn ich jemanden liebe, innerhalb der großen Einheit des Lebens vervollkommne. Das, was nur ich zu geben vermag, ist das außergewöhnlichste Geschenk, und es ist wichtig zu bedenken, wie stark dieses Geschenk einen anderen Menschen verändern kann. Wenn ich mein Herz offenhalte, verhelfe ich den Menschen, die ich liebe, zu Lebenssituationen und Erfahrungen, die ihnen von sich aus nie aufgefallen wären oder die sie nie erlebt hätten.

So wird das Geschenk der Vervollkommnung dargeboten. Du kannst in deiner Liebe aktiv werden und die Leere eines anderen auffüllen, indem du deine Energie auf ihn ausdehnst. Aber wenn du dich selbst betrügst und glaubst, du hättest dich selbst gefüllt und seist vollkommen, obwohl du weit davon entfernt bist, dann bist du vielleicht unfähig, den Übergang zur Ganzheit zu schaffen. Sobald du denkst, du hättest alles, beginnt die Energie auszulaufen. Aber in dem Augenblick, in dem du *wirklich* voll und ganz bist, setzt Bewegung und ein Gefühl der Vollkommenheit ein. Dann erfüllt dich strahlendes Licht, und der Atem Gottes atmet in dir.

In unserer heutigen Gesellschaft vergeuden wir viel Zeit damit, jene, die wir lieben, für unsere Unzulänglichkeiten und Fehler verantwortlich zu machen. Es ist wichtig und wesentlich, daß wir die Verantwortung für unsere Unvollkommenheiten selbst übernehmen.

Sin Corazón und Julio haben diese Aspekte der Unvollkommenheit in sich verändert, um zusammenleben zu können. Sie füllen persönlich ganz bewußt die Leere füreinander. Auf symbolische Weise tun Julio und Sin Corazón dasselbe, was wir alle im Leben und in kritischen Situationen tun: Sie suchen verzweifelt nach einem Weg aus der Dualität.

Das alte Schriftstück handelte davon, wie wir Liebe zerstören, weil wir unserer Verletzlichkeit nicht trauen. Julio und Sin Corazón haben die Getrenntheit überwunden. Aber wenn sie nicht vorsichtig sind, werden sie nach Mitteln und Wegen suchen, den anderen zu dominieren. Damit wäre die bedingungslose Liebe, die sie bei ihrer Hochzeit füreinander empfanden, zu Ende.

Was sagt das über unsere Fähigkeiten zu lieben aus? Es scheint, als sei unsere Kultur in der Dualität gefangen. Um Ganzheit zu erlangen, muß man sich die beiden Pole zu eigen machen – und das bedeutet bedingungslose Liebe. Mit der Liebe unserer Eltern zu uns haben wir diese bedingungslose Liebe, die über die Dualität hinausgeht, vielleicht ein einziges Mal in unserem Leben erfahren. Wir müssen anfangen, unseren engsten Kreis bedingungslos und über alle Maßen zu lieben, und Fürsorge auf einer grundsätzlichen Ebene entwickeln. Wo lernen wir diese Art der Liebe? Wenn wir unsere Beziehung zum Großen Geist begreifen und uns bewußt werden, daß er in uns lebt.»

Agnes nickte zustimmend. Sie schaute auf, schenkte mir ein

strahlendes Lächeln und umarmte mich. Ein leiser Wind aus dem Süden war aufgekommen und brachte den Duft von Geißblatt mit.

«Wann sehe ich den nächsten Krug?» fragte ich

«Bald», sagte Agnes lachend, «wenn du ihn in deiner Eigenschaft als Zöpfeflechterin verdient hast.»